aplicação do COACHING & MENTORING na EDUCAÇÃO

Como alcançar resultados no meio educacional

coordenação: Andréia Roma, Marcos Martins de Oliveira e Marcos Wunderlich

1ª edição

São Paulo, 2017

Copyright© 2017 by Editora Leader
Todos os direitos da primeira edição são reservados à **Editora Leader**

Diretora de projetos: Andréia Roma
Diretor executivo: Alessandro Roma
Gerente comercial: Liliana Araujo Moraes
Atendimento: Érica Ribeiro Rodrigues

Projeto gráfico e diagramação: Roberta Regato
Foto de capa: Robson Regato
Revisão: Miriam Franco Novaes
Impressão: Renovagraf

Dados Internacionais de Catalogação na Publicação (CIP)
Bibliotecária responsável: Aline Graziele Benitez CRB8/9922

A652   Aplicação do coaching & mentoring na educação: descubra com vários profissionais da área de coaching como alcançar resultados no meio educacional / coordenação de Andréia Roma, Marcos Wunderlich, Marcos Martins de Oliveira. – 1.ed. – São Paulo: Leader, 2016.

ISBN: 978-85-66248-63-0

1. Coaching. 2. Mentoring. 3. Educação. I. Wunderlich, Marcos. II. Oliveira, Marcos Martins de. III. Título.

CDD 155.7

Índice para catálogo sistemático: 1. Coaching: mentoring 155.7

EDITORA LEADER
Rua Nuto Santana, 65, 2º andar, sala 3 - Jardim São José, São Paulo - SP
02970-000 / contato@editoraleader.com.br
(11) 3991-6136

A Editora Leader agradece a todos os coautores que participaram desta obra com a missão de proporcionar novas ideias, resultados e grandes transformações no meio educacional.

Meus agradecimentos aos queridos parceiros Marcos Wunderlich e Marcos Martins por contribuir com seu conhecimento.

E, como diz Mario Sergio Cortella, é necessário fazer outras perguntas, ir atrás das indagações que produzem o novo saber, observar com outros olhares através da história pessoal e coletiva, evitando a empáfia daqueles e daquelas que supõem já estarem de posse do conhecimento e da certeza.

Um livro muda tudo!

Índice

Introdução - Como alcançar resultados no meio educacional 6

Capítulo 1 - Andréia Roma 11
Coaching na sala de aula

Capítulo 2 - Marcos Martins de Oliveira 19
Coaching e Mentoring na Educação

Capítulo 3 - Marcos Wunderlich 25
Coaching e Mentoring aplicado na Educação

Capítulo 4 - Adriane Fabricio & Cecilia Smaneoto 33
Coaching, Mentoring e a Educação para o desempenho de equipes

Capítulo 5 - Ailza Gabriela Almeida Amorim 41
Filhos e pais: relações ideais?

Capítulo 6 - Angélica Rodrigues Barros 53
Educar é um desafio? Aprenda cinco segredos para educar com sucesso

Capítulo 7 - Eugenia Finco Pereira 61
O papel do coordenador pedagógico na escola

Capítulo 8 - Eunice Saibert Janoario 69
Educando sem sofrimento e sem culpa

Capítulo 9 - Gustavo Serravite 81
Educação para o desempenho de equipes de alta performance

Capítulo 10 - Isabel Christina da Silva O. Marreiro 89
Competências para os gestores educacionais do século XXI

Capítulo 11 - Jhonatan Silvares Lopes 99
Coaching na Educação: uma ferramenta utilizada nos presídios
como forma de reintegração social

Capítulo 12 - Patrícia Fernandes Westphal........................ 109
A família no processo de iniciação escolar da criança

Capítulo 13 - Rafaela Tzelikis Mund................................ 117
Coaching Educacional nas escolas de educação básica
formal como uma receita para o engajamento

Capítulo 14 - Rita Costa 127
A interferência das crenças limitantes na aprendizagem

Capítulo 15 - Roseli Bacili Laurenti 137
A mudança de *mindset* para uma nova Educação

Capítulo 16 - Sílvia Angélica Wagner 151
A família como base da Educação

Capítulo 17 - Vânia Goulart 159
A escolha profissional

Conclusão..169

Exercício prático: ressignificando crenças limitantes 170

Introdução

Como alcançar resultados no meio educacional

Vivemos uma época de incertezas, em que tudo se transforma rapidamente, demandando de nós novas atitudes diante das constantes mudanças.

Em meados de 1990, ao dirigir-se ao Congresso norte-americano, Vaclav Havel, ex-presidente da República Tcheca, disse:

> Hoje em dia, muitas coisas indicam que estamos passando por um período de transição, quando parece que algo está desaparecendo e outro está nascendo dolorosamente. É como se alguma coisa estivesse se contorcendo, apodrecendo e se esvaindo, enquanto outra, ainda indistinguível, vai se erguer dos escombros. (apud SENGE, Peter, 2012: 21)

Embora esse comentário tenha sido feito há mais de 25 anos, ele não poderia ser mais atual, principalmente se considerarmos o momento que o Brasil está atravessando.

Longe de querer discutir afiliações políticas ou crise econômica, o objetivo deste artigo é refletir sobre o impacto destes acontecimentos na educação e oferecer ao educador a oportunidade de pensar a respeito de seu papel neste contexto em constante transformação.

Para tanto, acredito que tanto o Coaching quanto o Mentoring, tomados como ferramentas de desenvolvimento pessoal e profissional, podem contribuir consideravelmente para a ressignificação da tarefa de educar, bem como para construir parcerias importantes dentro do ambiente de trabalho, possibilitando a melhoria contínua do processo educativo.

O QUE É COACHING?

Segundo a International Coaching Community, a essência do Coaching é ajudar pessoas a mudar, de modo a tornarem-se quem desejam ser e caminharem na direção de seus objetivos. Este é um processo que desperta a consciência, valoriza o poder da decisão e chama a pessoa a tomar as rédeas de sua vida, assumindo a responsabilidade pelos seus resultados.

Exercido de maneira formal ou informal, o Coaching visa apoiar a implantação de processos, o aumento da produtividade, a melhoria do desempenho, a aceleração de resultados etc. Além disso, no que diz respeito aos relacionamentos interpessoais, o processo de Coaching auxilia na comunicação e na construção de ambientes mais positivos de trabalho.

O profissional *coach* não precisa ter um conhecimento teórico ou prático da área de atuação de seu *coachee* (cliente), mas sim dispor de técnicas e ferramentas que possibilitem o *coachee* a descobrir seu próprio caminho. Uma vez feita a escolha e traçado o plano de ação, caberá ao *coach* acompanhar seu cliente ao longo da jornada, garantindo que ele dê cada passo na direção daquilo que deseja conquistar.

O QUE É MENTORING?

Mentoring é um processo de desenvolvimento no qual uma pessoa mais experiente, denominada mentor, ajuda um profissional iniciante, denominado mentorado.

Tendo acumulado certa vivência em uma determinada área, o mentor dispõe-se a compartilhar com seu(s) mentorado(s) a experiência e o conhecimento acumulados, de modo a capacitar novos profissionais.

Prática bastante comum no ambiente organizacional, o Mentoring tem por objetivo sedimentar os valores da empresa, bem como ajudar no desenvolvimento das habilidades que serão essenciais ao desempenho da função assumida.

Ana Artigas, diretora de Inovação, Pesquisa e Desenvolvimento da Caliper Brasil, em entrevista para o site da Catho, descreve um fato que ilustra bem isso:

"Lembro de uma situação em que o novo profissional foi convocado para uma reunião e rapidamente pegou um caderno de anotações, uma caneta e sentou-se na sala de reuniões, chegou antes de todos para "impressionar". Seu mentor pediu que devolvesse o caderno e a caneta e que ficasse em pé, pois na empresa em questão o "lema" era que fossem realizadas reuniões rápidas e curtas".

Esse exemplo mostra claramente que o objetivo do Mentoring é moldar o comportamento do profissional dentro daquilo que a empresa espera.

A obra apresenta especialistas que relataram suas experiências relacionadas ao Coaching, Mentoring e à Educação.

Boa leitura!
Andréia Roma

Andréia Roma

1

Coaching na sala de aula

aplicação do
COACHING
&
MENTORING
na
EDUCAÇÃO

(11) 3991-6136
andreiaroma@editoraleader.com.br
www.editoraleader.com.br

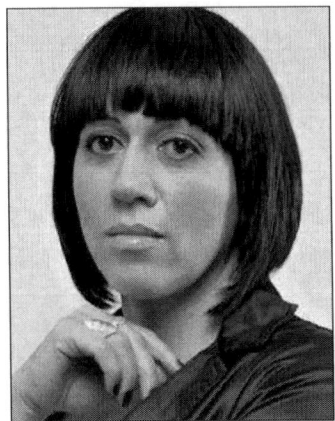

Andréia Roma

É fundadora e diretora de projetos da Editora Leader, com mais de dez anos de experiência na área de vendas e no mercado editorial, com forte atuação nas áreas de *marketing* editorial, consultoria e vendas. *Master coach*, mentora e *master* em PNL, certificada por vários institutos no Brasil. Está sempre em busca de conhecimento em diferentes áreas do desenvolvimento humano, com foco em criar e apresentar novos projetos para o mercado. Premiada pelo RankBrasil pela criação e publicação do livro "Segredos do Sucesso", obra para a qual organizou uma estrutura para 105 presidentes e diretores da Alta Gestão, que participaram com suas histórias de sucesso. Recomendada e parabenizada pelo trabalho executado em uma de suas obras pelo apresentador Jô Soares em rede nacional, recomendada e parabenizada pelo trabalho executado em uma de suas obras pelo apresentador Faustão em rede nacional, recomendação em um dos livros idealizados pela revista Você S/A entre os 12 melhores livros de negócios, carreira e empreendedorismo para se ler em 2016. Além de conduzir a Editora Leader na criação de vários projetos, dedica-se a projetos que visam apoiar novos escritores, entre eles artistas, *coaches*, empresários, executivos, educadores e demais profissionais que desejam ampliar seus horizontes e alçar voos mais altos em suas carreiras.

Segundo LAGES & O'CONNOR (2004: 22), há três elementos que sustentam um processo de Coaching: metas, valores e crenças.

Sua meta diz respeito ao que você quer alcançar e como vai fazê-lo. Seus valores são tudo aquilo que direcionam sua vida e, ao longo de um processo de Coaching, você é convidado a vivenciá-los. E, finalmente, suas crenças são aquelas opiniões arraigadas que direcionam suas escolhas e decisões. Durante o processo de Coaching, você é chamado a reforçar as crenças positivas, bem como desafiar e transformar as crenças limitantes.

Levando isso para a sala de aula, é essencial que o educador tenha em mente tudo o que pretende concretizar ao longo do período letivo (metas), os princípios que guiam sua prática docente (valores) e as regras que guiam suas ações ao longo do processo (crenças).

Do mesmo modo, é importante ajudar os alunos a conhecer esses aspectos sobre si mesmos, de modo que a parceria professor-aluno seja bem-sucedida. Para você entender melhor o assunto, vamos tomar um desses aspectos isoladamente.

CRENÇAS NO PROCESSO DE ENSINO-APRENDIZAGEM

Como vimos, o processo de Coaching tem por objetivo acelerar a concretização de metas. Por esta razão, já nas primeiras sessões, o *coach* trabalha no sentido de compreender como funciona a mente de seu *coachee*. E por quê?

É inegável que as pessoas desejam mudar suas vidas, ser mais prósperas e felizes. No entanto, há sempre aquelas que esbarram em obstáculos que as impedem de seguir adiante e, muitas vezes, estes obstáculos existem apenas em suas mentes. Sabe aquela voz interior que diz que você pode ou não fazer algo? Aquela voz que autoriza ou não algumas escolhas e atitudes? No Coaching, chamamos isso de **crenças**.

Robert Dilts, um dos precursores da PNL, diz que crenças representam um dos sistemas que mais determinam o comportamento humano. Em outras palavras, se você acredita que pode realizar algo, você está certo; e se acredita que é incapaz de fazer algo, você também está certo.

Mas o que tudo isso tem a ver com educação?

É essencial que os professores prestem muita atenção às suas crenças sobre educação e aprendizagem, e como elas impulsionam ou impedem o sucesso do processo de ensino-aprendizagem.

Como professora, se acredito que meus alunos são incapazes de aprender ou que são irresponsáveis ou desinteressados, todo meu comportamento será conduzido no sentido de confirmar esta crença. Se, por exemplo, meus alunos não fizerem uma atividade proposta, vou logo supor que foi por puro desinteresse. Dificilmente vou pensar que eles não entenderam o conteúdo ou o exercício.

Muito se fala em motivação e aulas dinâmicas, em especial com adolescentes. Sim, isso é muito importante. No entanto, nosso sistema de crenças prevalece sobre nosso comportamento e, portanto, se acreditamos que nossos alunos são incapazes de aprender, não há motivação que mude isso. Aliás, talvez nem consigamos motivar nossos alunos.

Pensando, agora, pelo outro lado, imagine um professor que não acredita ter um papel central no processo de melhoria contínua da educação. Qual será o comportamento dele em sala em aula? Ele será um profissional engajado e comprometido com a tarefa de educar ou estará na escola apenas para "marcar presença"?

Há tempos, ouvimos um discurso que foca nas condições inadequadas de trabalho, nos salários baixos, na falta de material didático, na ausência de reconhecimento, na desvalorização da profissão etc.

Sim, tudo isso é verdade. Muito se espera dos nossos governantes, mas, infelizmente, Educação não parece ser um assunto importante na pauta. Mas será que reclamar vai resolver o problema? Será que negligenciar nossa tarefa como educadores não torna a situação ainda mais séria?

Um educador que conhece as técnicas e ferramentas de Coaching tem plena consciência de que é responsável pelos seus resultados e será capaz de assumir um papel ativo no processo de ensino-aprendizagem, de modo a despertar o potencial de seus alunos para aprender, bem como tornar-se um profissional constantemente motivado e comprometido com o trabalho docente.

O EFEITO PIGMALEÃO

Para ilustrar ainda mais o efeito das crenças no processo de ensino-aprendizagem, lembremos um episódio bastante conhecido entre os educadores.

Na década de 1950, o psicólogo social Robert Rosenthal fez uma experiência bastante interessante com um grupo de alunos e professores do ensino fundamental. Tal experimento ficou conhecido como Efeito Pigmaleão ou Efeito Rosenthal. O resumo que segue foi feito por Carlos Tasso Eira De Aquino (2007: 20):

"Ele disse a professores que não conheciam as crianças, mas que iriam ministrar aulas para elas, que um teste para avaliar a capacidade cognitiva desse grupo de crianças havia sido aplicado com resultados espantosos. Algumas dessas crianças tinham sido diagnosticadas como gênios. Rosenthal apontou em uma lista para esses educadores quais seriam as crianças-gênios e após um semestre letivo comprovou-se que esses alunos haviam se saído estupendamente melhor em seus resultados escolares. O estranho da experiência é que o teste não havia sido realizado e tais crianças tinham sido escolhidas randomicamente sem nenhum critério cognitivo. Para o ano seguinte, outras crianças do mesmo grupo e professores novos fizeram parte do experimento com resultados bem semelhantes. A conclusão de Rosenthal para o fato de as crianças rotuladas de gênios se saírem melhor do que as outras foi que os professores realmente acreditavam que elas eram melhores e, por causa disso, trataram os alunos como tais. Como o resultado reforçou a suposição inicial, então se acreditava de verdade que os escolhidos eram gênios. Assim, educadores devem sempre incentivar, e nunca desmerecer, seus aprendizes."

Este é um típico exemplo da profecia autorrealizável: a crença que os professores tinham na genialidade dos alunos fez com que eles adotassem medidas que impulsionaram e potencializaram o processo de aprendizagem.

Assim, fica comprovada a importância do professor em todo esse processo. Você é a figura-chave na sala de aula, pois é aquele que desperta no outro o desejo de conhecer. Se sua expectativa for negativa, como pode haver espaço para a aprendizagem?

MENTOR E MENTORADO: UMA RELAÇÃO DE PARCERIA NO AMBIENTE EDUCACIONAL

Hoje, as instituições de ensino constituem grandes empreendimentos. Para citar apenas um exemplo, voltemos a 2014, quando a fusão dos grupos Kroton e Anhanguera criou a 17ª maior empresa da Bovespa em valor de mercado. Assim, não é de estranhar que os programas de Mentoring ganhem cada vez mais espaço no ambiente educacional.

Se você é gestor educacional e deseja implantar um programa de Mentoring em sua instituição, veja a seguir as Cinco Etapas do Programa de Mentoring implantado no Departamento de MBA da Universidade da Carolina do Norte, nos Estados Unidos:

Etapa 1 – Defina os objetivos do programa

Embora demande muito tempo, esta etapa é essencial. Esse é o momento de identificar as necessidades específicas da organização e as habilidades a serem desenvolvidas ao longo do programa.

Além disso, é preciso definir a estrutura do programa, a qual deve considerar três fatores: a cultura da empresa, os indicadores que serão medidos ao longo do processo e as pessoas envolvidas (mentores e mentorados).

Etapa 2 – Prepare o lançamento do programa

Comunicação é a chave do sucesso desta etapa. Todas as pessoas envolvidas no programa devem saber exatamente os objetivos do programa, os indicadores, os tipos de suporte oferecidos etc.

Este também é o momento adequado para unir mentores e mentorados. Esse processo pode ser conduzido de diferentes formas, tais como entrevistas, preenchimento de formulários, recomendações etc.

Etapa 3 – Inicie o programa

O primeiro passo no lançamento de um programa de Mentoring é o treinamento dos participantes. Mentores e mentorados devem trabalhar em duplas sob a orientação de um especialista e, ao longo deste treinamento inicial, devem:

- definir objetivos e marcos principais;
- conectar cada objetivo a uma necessidade da empresa;
- decidir a frequência dos encontros;
- definir como oferecer *feedback* construtivo.

Etapa 4 – Construir relacionamentos e avaliar o progresso

Esta etapa demanda muito trabalho tanto do mentor quanto do mentorado, pois é o momento de verificar se os objetivos estão sendo atingidos, se os marcos principais estão sendo alcançados e se está havendo progresso.

Além disso, o departamento de RH também pode ser envolvido, de modo a garantir que o relacionamento entre mentor e mentorado está indo bem.

Etapa 5 – Avaliar a eficácia do programa

Ao final do programa, geralmente após 12 meses, a organização vai querer saber se a experiência foi bem-sucedida.

Para tanto, é essencial combinar **elementos quantitativos**, como número de inscrições de mentores e mentorados, número de duplas que combinaram bem, número de promoções etc., e **elementos qualitativos**, como pesquisas e entrevistas.

Tais elementos devem informar se os objetivos organizacionais foram atendidos, se os objetivos pessoais dos participantes foram atingidos, se a estrutura do programa funcionou ou se há necessidade de ajuste etc.

Assim, podemos dizer que um Programa de Mentoring bem-sucedido envolve planejamento, organização, envolvimento das partes e acompanhamento constante. Se bem conduzido, o Mentoring constitui-se numa valiosa estratégia para qualquer instituição de ensino.

Paulo Freire disse: "A Educação não muda o mundo. A Educação muda pessoas. Pessoas mudam o mundo".

ATENÇÃO

Assim que você chegar ao final desta obra, encontrará um exercício que irá apoiá-lo a identificar suas crenças limitantes sobre educação e aprendizagem.

REFERÊNCIAS BIBLIOGRÁFICAS

De Aquino, Carlos Tasso Eira. Como aprender: andragogia e as habilidades de aprendizagem. São Paulo: Pearson Prentice Hall, 2007.

LAGES, Andrea; O'CONNOR, Joseph. Coaching com PNL: o melhor guia para alcançar o melhor em você e nos outros. Rio de Janeiro: Qualitymark, 2004.

SENGE, Peter. A Quinta Disciplina: arte e prática da organização que aprende. Rio de Janeiro: BestSeller, 2012.

Sites Consultados:

http://www.internationalcoachingcommunity.com/pt/o-que-e-o-coaching

http://www.catho.com.br/carreira-sucesso/gestao-rh/o-que-e-mentoring

http://g1.globo.com/economia/mercados/noticia/2014/07/fusao-da-anhanguera-e-kroton-cria-17-maior-empresa-da-bovespa.html

https://onlinemba.unc.edu/blog/how-to-build-a-successful-mentoring-program/

Marcos Martins de Oliveira

2

Coaching & Mentoring na Educação

(27) 99875-3468
www.institutoadvento.com.br

Marcos Martins de Oliveira

Diretor executivo e *master coach* e *mentor trainer*. Mestre em Ciências Sociais da Religião; mestrando em Administração de Empresas – Fucape; especialista em Psicopedagogia e em Educação Especial; graduado em Gestão de Recursos Humanos; graduando em Pedagogia; bacharelado em Teologia; Terapia Familiar e de Casal; Psicanálise clínica; máster em Mentoring & Coaching Holo-Sistêmico ISOR®, com foco em Executive, Teams & Leadership; Coaching, Mentoring & Holomentoring® com foco em Professional, Self & Life Coaching; Professional, Self & Life Coaching – Indesp; Professional Coaching Practitioner – AbraCoaching.

Além dessas formações em Coaching, tem sete formações nacionais e internacionais.

Livros em parceria com a Editora Leader: "Liderança e Espiritualidade"; "Coaching Aplicado à Área de Vendas" e "Orientação Vocacional & Coaching de Carreira".

Estou muito feliz ao escrever este texto, é um sonho que se torna realidade! No início de 2016, fui convidado pela minha parceira profissional Andréia Roma, presidente da Editora Leader, para ser o coordenador deste livro junto com ela e com o meu professor e mentor Marcos Wunderlich, do Instituto Holos. Aceitei este convite com muito prazer, pois, além do carinho que tenho pelos dois, junta duas áreas (Coaching & Mentoring + Educação) pelas quais sou apaixonado.

Desde 1995, sou educador. Já atuei como professor, gerente de tecnologia educacional de uma rede de escolas, diretor pedagógico e, por fim, administrador escolar. Administrei escolas de 250 a 1.500 alunos. Atuei em várias escolas particulares e públicas do estado do Espírito Santo. Já sofri muito, tentando ajudar meus alunos a alcançarem o rendimento escolar e comportamento disciplinar que eles tinham o potencial para alcançar. Muitos alcançavam, mas infelizmente, em alguns casos, vi o sofrimento do aluno e da família. Por isso, fiz vários cursos na área da Educação e especializei-me em Psicopedagogia e depois em Educação Especial. Mas, depois de tanta especialização, infelizmente, tinha ferramentas limitadas para modificar essa situação.

Eu entendo, como professor, seu desejo de ensinar de forma mais impactante e significativa. Sei que gostaria de desenvolver nos seus alunos atitudes e comportamentos mais positivos e assertivos. Entendo seu sonho de ter sua influência aumentada perante os alunos, pais e administração da escola.

Entendo também, como gestor pedagógico ou diretor, seu desejo de melhorar sua escola, ampliar a performance, felicidade e saúde dos seus professores e educadores. Fazendo com que, através deles, seus alunos melhorem seus rendimentos acadêmicos e seus comportamentos. Sei que gostaria de ver sua escola crescer em números. Aumentando cada vez mais a qualidade do ensino ofertado, como o número de alunos matriculados e famílias atendidas. E assim gerando resultados para as famílias e para o crescimento da sua própria escola.

A SOLUÇÃO PARA ESSES PROBLEMAS

Sabe, hoje, além de psicopedagogo e especialista em Educação Especial, sou *master coach* e *mentor trainer* com especialização em Inteligência Emocional e especialista em técnicas de PNL (Programação Neurolinguística) aplicadas à Educação. E, para que você possa alcançar todos esses sonhos e objetivos na área pessoal e acadêmica, quero te mostrar **UMA FORMA MAIS SIMPLES E DIRETA** de conseguir isso.

Continue lendo este artigo para saber mais sobre:
- O que é Coaching & Mentoring?
- Como fazer a aplicação do Coaching & Mentoring na Educação?
- Qual a importância da área emocional neste processo?

Na introdução do livro você deve ter visto o que é Coaching e o que é Mentoring. Quando aplicamos a metodologia do Coaching & Mentoring na área educacional, temos uma libertação e criamos alta *performance*, tanto pessoal como profissional. Acreditamos que para atuar nessa área o *coach* precisa também ser um mentor (especialista). Neste caso, estamos assumindo que o *coach* e *mentor* é um especialista em educação, que tem experiência, que tem técnicas e ferramentas de Coaching aplicadas à área pessoal, profissional e acadêmica.

COMO FAZER A APLICAÇÃO DO COACHING & MENTORING NA EDUCAÇÃO?

Quando estamos dando uma palestra sobre Coaching & Mentoring, sempre aparece a pergunta sobre como podemos aplicar essas metodologias na educação ou quais os nichos de mercado existentes. Podemos dizer que existem ao menos cinco situações bem específicas, descritas abaixo:

1. COM O PRÓPRIO ALUNO - Neste caso, o *coach* e *mentor* faz vários mapeamentos para encontrar as dificuldades, os bloqueios ou vícios emocionais que possam estar criando uma barreira para o desenvolvimento do aluno. Depois, através de técnicas e ferramentas, elimina ou minimiza essas dificuldades, motivando o aluno para que desenvolva habilidades, competências e atitudes que ele precisa para ter sucesso pessoal e acadêmico. Respeitando a linguagem de cada faixa etária, esse processo pode ser feito desde a Educação Infantil ao Ensino Superior.

2. JUNTO COM A FAMÍLIA - Neste caso, o *coach* e *mentor* trabalha para equilibrar e potencializar as relações familiares e o ambiente familiar para que os mesmos possam servir de motivação para o aluno. Todo desequilíbrio que possa atrapalhar o aluno tende a ser minimizado para que o mesmo possa melhorar seu desempenho pessoal e acadêmico.

3. NO AMBIENTE ESCOLAR - Neste caso, o *coach* e *mentor* usa técnicas e ferramentas para fazer um mapeamento no ambiente escolar para detectar possíveis barreiras ao desenvolvimento do aluno. O esforço é equilibrar e potencializar as relações escolares para que o ambiente escolar sirva de motivação para o desenvolvimento pessoal e acadêmico.

4. COM O PROFESSOR - Neste caso, o *coach* e *mentor* utiliza ferramentas e técnicas no professor, para que esse liberte seu potencial e destrua vícios ou bloqueios emocionais, gerando uma vida mais equilibrada e um ensino mais impactante e significativo. Com o desenvolvimento de técnicas de relaxamento, terá uma visão mais apurada e estará aberto e pronto para o aluno, desta forma, conseguirá desenvolver melhor seus alunos, em suas habilidades, competências e atitudes, gerando assim comportamentos mais positivos e assertivos. Com as mudanças internas, estará mais forte em suas relações interpessoais, gerando mais influência perante os alunos, pais e administração da escola.

5. COM OS GESTORES - Neste caso, o *coach* e *mentor* utiliza ferramentas e técnicas no gestor educacional (monitor, pedagogo, diretor...) para que esse liberte seu potencial e destrua vícios ou bloqueios emocionais, gerando uma vida mais equilibrada e saudável. Nesse processo, também será gerado mais foco, criatividade e energia para melhorar os processos administrativos e educacionais. Criando mais motivação para ampliar a performance, felicidade e saúde dos seus professores e educadores. O gestor passa a ter condições de criar um ambiente mais motivador e educativo, aumentando assim, cada vez mais, a qualidade do ensino ofertado e gerando resultados para as famílias e para o crescimento da sua própria escola.

QUAL A IMPORTÂNCIA DA ÁREA EMOCIONAL NESTE PROCESSO?

Como você pode notar, o maior desafio enfrentado durante o processo de Coaching & Mentoring em todas as cinco situações é exatamente dar ferramentas e técnicas para controle da área emocional. Muitas vezes, percebemos que a pessoa tem recursos e talentos, mas não consegue colocá-los para fora. Estão paralisados, presos, como se não pudessem alcançar o que desejam, isso traz frustrações e um estado de depressão. A pessoa sente-se desmotivada, sem foco, sem energia e desequilibrada emocionalmente. Com isso, não consegue usar toda sua estrutura interna. Para alcançar resultados significativos, precisa estar bem consigo mesma! Se a pessoa, como indivíduo, não estiver bem em todas as suas dimensões, não alcançará o seu potencial máximo ou os resultados alcançados não serão sustentáveis! A pessoa precisa investir em todas as áreas da sua vida.

Precisa cuidar dos aspectos físico, mental, social, emocional e espiritual para ter saúde completa e sucesso profissional e acadêmico. A vida pessoal está intimamente ligada à vida profissional e acadêmica.

Por causa disso, na primeira etapa do processo de Coaching & Mentoring é imprescindível mapear a estrutura interna do cliente. Para isso, utilizamos algumas ferramentas, como: Mapeamento Emocional, Identificação de Valores e Crenças (Eu Sou), Avaliação da Natureza Motivacional e Análise Comportamental DISC. Essas são algumas das ferramentas que podemos usar para saber com detalhes como motivar e trabalhar com cada cliente. Outra técnica, muito importante, é o *Rapport*. Através dela, conseguiremos uma ligação direta com o emocional de uma forma mais segura e confiável, tendo assim informações privilegiadas da realidade interna do nosso cliente.

Dar ferramentas ao cliente para administrar as emoções é imprescindível para o sucesso do processo de Coaching & Mentoring.

FINALIZANDO

Eu quero agradecer e presentear você que me acompanhou até aqui! Abaixo, você poderá participar de dois projetos maravilhosos que criamos para você.

1. Criamos um curso sobre Inteligência Emocional, totalmente gratuito. Neste curso, iremos ensinar como desenvolver um plano de ação na área emocional, aprenderá ferramentas para que possa se conhecer melhor e controlar seus pensamentos e emoções.
www.institutoadvento.com.br/emocional

2. O segundo projeto é o **EDUCA COACHING - Congresso Internacional de Coaching Educacional e de Carreira**, do qual sou o idealizador e coordenador junto com a Andréia Roma, presidente da Editora Leader. Para acessar, use o link: www.educacoaching.org

Esperamos que tenha gostado do artigo. Se você tiver interesse em saber como aplicar o Coaching em outros segmentos, entre em contato conosco.

Até a próxima!

Marcos Wunderlich

3

Coaching & Mentoring aplicado na Educação

contato@holos.org.br

Marcos Wunderlich

Formador em Coaching e Mentoring Humanizado ISOR®.
Presidente executivo do Instituto Holos de Qualidade.
Precursor na introdução de Formação em Coaching e Mentoring no Brasil, referência nacional na Formação, Profissionalização, Instrumentação e Certificação Internacional em Coaching, Master Coaching e Mentoring com visão holossistêmica e complexa.
Mentalizador do Sistema ISOR® - conjunto referencial e instrumental científico-pedagógico para atividades de Coaching e Mentoring.
Consultor, *master coach* e *mentor* de executivos, tem 33 anos de experiência profissional.
Filiado ao IBCO - Instituto Brasileiro de Consultores de Organização, ICF - International Coach Federation, IMA - International Mentoring Association, EMCC – European Mentoring & Coaching Council.
Reconhecimento como CMC – Certified Management Consultant.

Coaching e Mentoring na realidade não são algo novo ou inédito no contexto educacional, aliás, são bem antigos e já foram testados de formas similares e com diferentes denominações desde a Antiguidade até os dias atuais. Sem me ater a estes processos ou ciclos históricos, eles me permitem relembrar que o mundo educacional é dinâmico e que houve diferentes concepções sobre a educação, segundo as tradições e mentalidades vigentes em suas respectivas épocas.

Pretendo contextualizar e mostrar o papel que estas duas metodologias podem exercer no contexto educacional brasileiro em nosso momento histórico.

Coaching e Mentoring – incluo ainda o **Counseling** - são apenas metodologias, concepções, ferramentas - ou seja, são meios, apoios ou pilares de sustentação - para uma ou mais finalidades necessárias ou prementes na atualidade.

Todas elas são basicamente **metodologias conversacionais** igualmente importantes, cada uma com um foco e diferentes abrangências operacionais.

Mentoring ou Mentoria: o foco principal é a aquisição de visões mais amplas e de maior alcance na vida pessoal e profissional, em que as variáveis giram em torno do **fator humano** com predomínio da **Inteligência Emocional**.

Quem são os mentores?

- **Pessoas com treinamento específico** para aplicarem conhecimentos e ferramentas especiais de Mentoring.

- **Pessoas mais jovens** que mentoram pessoas mais experientes no novo mundo das inovações tecnológicas e modernas formas de liderança e gestão.

- **Pessoas mais experientes** que podem repassar ou compartilhar sua experiência e conhecimentos adquiridos ao longo dos anos.

- **Pessoas ou profissionais que usam a sabedoria inata** e fazem diferença positiva para as pessoas que passam por suas vidas.

- **Professores e mestres que mentoram seus alunos** para obtenção de qualidade de vida, sucesso e bem-estar.

- **Pessoas com forte desenvolvimento, evolução ou visão** que inspirem pessoas para realizarem transformações no mundo.

Coaching: esta palavra não tem uma tradução literal para o Português. O *coach* aplica a metodologia ao *coachee* (ou cliente) e o foco principal é a ativação de potenciais internos e utilização de novas ações e estratégias - de modo que o cliente atinja metas ou obtenha bom desempenho na consecução dos resultados desejados do *coachee* ou cliente. Coaching lida com o **fator técnico** com predomínio da **inteligência racional**.

Importante entender que um *coach* não dá respostas diretas ao cliente, mas ele aplica ferramentas, mostra referenciais e faz perguntas poderosas para as quais o próprio cliente elabora suas próprias respostas. Este é um rico processo de ativação de potencialidades.

Na figura abaixo vamos entender que o alto desempenho de um professor necessita alta capacidade de Coaching e de Mentoring, mas ambos têm "pesos" diferentes, com predomínio do fator humano sobre o fator técnico.

O fator técnico de um professor é composto pelos seus conhecimentos, sua habilidade organizacional, de cumprir cronogramas e a programação didática.

O fator humano de um professor é sua habilidade relacional, a intenção de gerar benefícios, a capacidade de ampliar a mentalidade e gerar a automotivação.

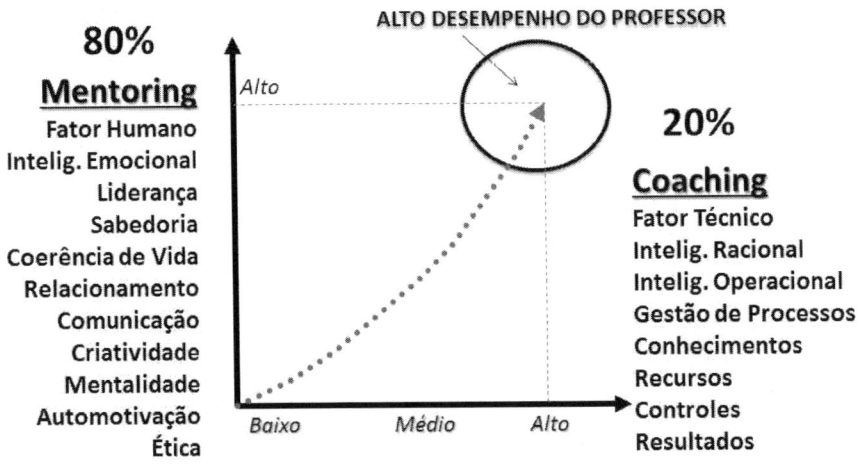

O sucesso de um profissional depende do fator técnico (20%) e do fator humano (80%).

O sucesso de Coach e/ou Mentor depende 20% da aplicação de ferramentas e conhecimentos, e 80% do seu relacionamento empático com o cliente.

Marcos Wunderlich
Instituto Holos

Há duas formas básicas de aplicação – formal ou informal.

• **No modelo formal** é realizada uma série de encontros, reuniões ou sessões semanais ou bimensais intercaladas, com duração média de 60 a 90 minutos, podendo ser para cliente individual ou em grupos.

• **No modelo informal** ele é aplicado na rotina do dia a dia escolar, como pequenas conversações ou perguntas durante as aulas ou nos intervalos, na carona ou mesmo por *WhatsApp* - de forma explícita ou implícita.

Estas metodologias podem ser aplicadas em toda escola, mas a minha proposta é que primeiramente o corpo docente receba treinamento de formação em Coaching e Mentoring, para que seja **aplicado em sala de aula na modalidade informal**, ou quando necessário, de modo formal.

Pequenos grupos de alunos podem receber Coaching e Mentoring formal.

Para a formação nas metodologias de Coaching e Mentoring recomendo buscar uma escola séria, experiente e com reputação, para o fornecimento de referenciais, roteiros, materiais de apoio e ferramentas diversas que serão utilizadas como um ponto de partida da conversação entre o *coach*/mentor e seu cliente.

O mais interessante e importante é notar que os resultados obtidos pela aplicação de qualquer metodologia dependerão diretamente da **mentalidade ou visão de mundo com a qual ela é aplicada e recebida pelo cliente**.

Bons resultados geralmente advêm quando o *coach* e/ou mentor aplica as metodologias da seguinte forma:

• Com uma mentalidade elevada, ampla, libertadora e fornece ao cliente formas de ele ampliar a sua mentalidade.

• Com clareza de intenção e liberdade interior, sem ser uma obrigação ou apenas um dever profissional.

• Com foco em fazer uma diferença positiva na vida das pessoas, sem esperar elogios ou recompensas.

• Com amor, compaixão, alegria e igualdade – de ser humano para ser humano, sem os rótulos ou papéis e sem julgamentos.

• Quando o *coach* e/ou mentor acessa o mundo ou realidade do cliente e ali faz sua intervenção, sem querer moldar o cliente a um modelo "certo"

Ao aplicarmos as metodologias com a mentalidade mais global e sistêmica, elas ajudarão a dar impulso extra para sairmos do "atoleiro educacional" onde estamos patinando, e mudar nossa realidade para um novo tempo, mais compatível com os anseios das pessoas e necessidades atuais da humanidade.

Quando digo "atoleiro" me refiro ao atual momento de patinação e de verdadeiros impasses em que o *"status quo"* do modelo vigente não se coaduna mais com as atuais necessidades de uma educação aberta. Precisamos resgatar os valores educacionais que contribuam significativamente para a formação de indivíduos íntegros e capacitados para o futuro, com um novo sistema educacional que se volte para atender os crescentes anseios interiores de felicidade, liberdade e bem-estar para cada Ser Humano.

Precisamos revolucionar as escolas, os métodos de ensino ultrapassados, revolucionar as mentes dos administradores e professores, dos alunos e seus pais, para podermos criar Novas Escolas.

Estas mudanças passam necessariamente pela **mudança das pessoas,** que por sua vez dependem das **mudanças de concepção de mundo, da mentalidade, da visão, da cosmovisão, paradigmas ou modelos mentais.**

Agora podemos entender o papel mais profundo e real das metodologias de Coaching e Mentoring de concepção mais sistêmica e humanizada, entendê-las de forma contextualizada no mundo da Educação, e seu real poder de transformação das pessoas, o que por sua vez dará a massa crítica para mudanças estruturais, sociais e educacionais.

Mentoring e Coaching devem se inserir e integrar **ao dia a dia escolar.**

Convivem conosco muitos educadores conscientes e de visão ampla e humanista, há muitos programas inovadores ou projetos-piloto em andamento. Há sistemas educacionais louváveis, porém, ainda são aspectos isolados e não fazem parte de um Todo coletivo.

Mas, neste caldo efervescente, adicionaremos um ingrediente transformador: metodologias de desenvolvimento humano do Coaching e Mentoring.

Uma formação em Coaching e Mentoring Educacional com o objetivo mais amplo da qualificação das escolas e instituições educacionais mediante a capacitação, incorporação e aplicação - formal e informal - das técnicas de Coaching e Mentoring, e também Counseling, pelo corpo docente e orientadores aos clientes - alunos (e/ou pais) - bem como entre seus próprios pares docentes.

Estas metodologias são universais e patrimônio da humanidade, não há donos nem órgãos governamentais, escolas ou certificadores oficiais. Existem diferentes escolas e diferentes linhas de abordagem. Algumas escolas ensinam apenas o Coaching, normalmente com visões mais voltadas a metas e resultados.

Outras escolas estão mais voltadas ao Mentoring e complementarmente ao Coaching, e normalmente com abordagem direcionada para a evolução do Ser Humano - Mentoring - e também para as atividades e conquista no mundo - Coaching.

Para o mundo das escolas e da educação, a aplicação de Mentoring com Coaching é a mais recomendada.

Vejo que estas metodologias devem ser primeiramente e urgentemente ensinadas ao corpo docente, aos professores e orientadores em geral, pois são as pessoas de linha de frente e que lidam diretamente com os clientes diariamente: os alunos, e por vezes com os pais.

Coaching e Mentoring pode perfeitamente ser **aplicado informalmente em sala de aula e no dia a dia operacional da escola.** Também pode ser aplicado entre o corpo docente, de forma livre e espontânea, e se criará um sentido de integração e união, um direcionamento mais efetivo e de comprometimento com o Todo da escola.

Podemos eventualmente implantar estas metodologias tendo como pano de fundo os quatro pilares da Educação do século XXI, conceitos de fundamento da Educação baseados no Relatório para a UNESCO da Comissão Internacional sobre Educação para o Século XXI, coordenada por Jacques Delors.

As quatro aprendizagens fundamentais ou pilares do conhecimento:

- **APRENDER A CONHECER**
- **APRENDER A FAZER**
- **APRENDER A CONVIVER**
- **APRENDER A SER**

Delors ainda expressa a síntese deste capítulo: "À educação cabe fornecer, de algum modo, os mapas de um mundo complexo e constantemente agitado e, ao mesmo tempo, a bússola que permite navegar através dele".

Na minha experiência de formador de *coaches* e mentores com visão holossistêmica em cursos abertos, tive gratificações com participantes advindos do sistema pedagógico - diretores, orientadores e principalmente professores - que revolucionaram suas aulas com a aplicação adaptada das ferramentas e referenciais que receberam na formação.

Outros passaram a atender grupos de alunos, uma experiência maravilhosa e um forte diferencial qualitativo.

Outra aluna de Juiz de Fora criou o Coaching Universitário a partir dos meus ensinamentos, e se tornou *case* de sucesso inclusive no Exterior.

Muitos professores aprimoraram sua qualidade de vida e ampliaram sua mentalidade, o que se refletiu diretamente na qualidade das suas aulas.

Outros aplicaram de forma livre e aberta o Mentoring e Coaching informal, o que se refletiu fortemente na vida dos alunos e na criação de uma imagem mais positiva da qualidade da escola.

Na realidade, o processo de aplicação de Coaching e Mentoring nas escolas passa basicamente pela aquisição da Maestria Pessoal do Professor.

Um processo de autodescoberta, expressão e direcionamento das habilidades e competências pessoais e profissionais que abrirá os caminhos para a Maestria, e neste momento Coaching, Mentoria e Aconselhamento expressarão a condução hábil e diferenciada de alunos como expressão da mais elevada consciência do educador.

Adriane Fabricio & Cecilia Smaneoto

4

Coaching, Mentoring e a Educação para o desempenho de equipes

adrianefabricio@yahoo.com.br

Adriane Fabricio

Certificada em Coaching e Mentoring pela Retorno Consultoria e Carreira e Teleles Consultoria. Doutoranda em Administração, mestra em Engenharia de Produção. Especialização em Gestão de Pessoas e Desenvolvimento de Talentos. Bacharel em Administração. Docente na Unijuí. Coordenadora da pós-graduação em Coaching e Gerenciamento de Pessoas (Unijuí).

Cecilia Smaneoto

Certificada pelo Sistema ISOR, pelo Instituto Holos/SP em Advanced e Master em Coaching e Mentoring. Mestra em Desenvolvimento (Unijuí - Ijuí/RS). Bacharel em Administração (2000) e especialização em GP (SETREM, 2002). Consultora da Retorno Consultoria e Carreira. Docente. Capítulo de livro publicado em 2015, Século XXI - O Ser Humano como Centro da Gestão.

cissa@setrem.com.br

O Coaching é um processo de redirecionamento de vida. A sua ligação com a educação é a olhos vistos algo que promove a funcionalidade. As ferramentas trazem em sala de aula profundas reflexões, proporcionando aprendizagem comprometida e interesse pelo aprendizado. A andragogia nos mostra que os adultos aprendem com maior facilidade o que lhes interessa, o que os impulsiona a alcançar os seus objetivos, aquilo que os faz pensar, onde podem expressar suas argumentações e sentimentos, e aquilo que mostra perspectivas de uma vida melhor.

Como o termo *coaching* não tem uma tradução especifica, pode-se dizer que o termo orientar é o que mais se assemelha àquilo que o Coaching objetiva na educação (DUTRA, 2010). Nunca em época alguma o termo importar-se se aproximou tanto da palavra orientar. Assim, antes de orientar, estar para o outro, com a escuta, com a presença e com a totalidade de IMPORTAR-SE com o que o outro quer e busca - fez sentido! Importar-se é estar prestadio, presencial e auxiliar o encontro do necessário com o que temos.

O Coaching sempre existiu, fala-se que Sócrates foi seu fundador quando afirmou que o ser humano tem em si as respostas e que o mesmo as encontra quando busca refletindo as possibilidades de encontrar soluções. Em 1974, Timothy Gallwey publicou The Inner Game Of Tennis (1996), onde descreve como um jogador pode lidar com os obstáculos criados pelo seu próprio estado de espírito, e o que o leva a render muito mais que na normalidade, o que parece ser para Eliana Dutra (2010) a mais coerente marca da proximidade da teoria com a prática. Neste fato, relatado por Gallwey, também se confirma que os adultos realmente aprendem a partir de suas necessidades aliadas a seus interesses.

Já o Mentoring está próximo do Coaching, visto também ser um processo de redescoberta e redirecionamento, mas neste caso com a ajuda de alguém com maior experiência, que tenha um campo de sabedoria desenvolvido e pronto a repassar conhecimento e experiência. É a transferência de sabedoria, de vivências, ao encontro do necessário a desenvolver pelo que busca o processo.

Em se tratando de Coaching e Mentoring e sua proximidade com a educação, as escolas de Coaching e as universidades estão vivenciando um crescimento histórico no Brasil e no mundo. Os serviços de Coaching no Brasil vêm se tornando um dos melhores do mundo. Uma pesquisa da Robert Half revelou que 77% dos profissionais no Brasil acreditam que a realização de Coaching por seu chefe é realmente eficiente (RH HOJE, 2014). A Revista Exame (NOV/2015) traz em uma de suas reportagens dados de que o número de *coaches* cresceu nos últimos quatro anos em 300% e que o Coaching tem se tornado uma opção de carreira promissora.

A proximidade do Coaching com a educação está nessa premissa. O que o mercado precisa e o que as universidades oferecem, aliados ao que pode trazer melhores resultados para as organizações, para as pessoas e para a sociedade. Como o Coaching e o Mentoring possuem ferramentais que auxiliam neste universo juntos ou na individualidade, tem se encontrado um viés empreendedor e inovador para o Coaching e para a educação. O meio formal tradicional não acompanha, nem satisfaz a maioria do público que busca algo que os faça vibrar ao ingressar em um momento de aprendizagem e troca consigo e com os grupos.

Nelson Mandela dizia: "Eu nunca perco, ou eu ganho ou eu aprendo"! Nesta perspectiva, o trabalho com a reflexão e a compreensão da dimensão de um olhar diferenciado para os 12 segmentos da Roda da Vida (ferramenta de Coaching) diante de acontecimentos do cotidiano criam uma expectativa de uma vida mais prazerosa e feliz! O Coaching e o Mentoring não se mostram como algo milagroso, se mostram como uma ferramenta que quando recebida com comprometimento faz acontecer o que se deseja. O resultado está unicamente no quanto quem busca o processo realiza as ações em favor do alcance de metas. As mudanças necessárias no ser humano precisam de identificação de ações, organização e compreensão de prioridades. Sempre em consonância com a qualidade de vida, o processo gera uma melhoria de bem viver conjuntamente.

Neste contexto, uma experiência no interior do Estado do Rio Grande do Sul, em ofertar uma pós-graduação em Coaching e Gerenciamento de Pessoas, veio agregar as expectativas de muitos profissionais que buscavam na educação uma formação voltada a um encontro com a melhoria da qualidade de vida e ao mesmo tempo proporcionasse um ganho relacionado à sua carreira profissional.

EXPERIÊNCIA DA EDUCAÇÃO CONTINUADA

A Universidade Regional do Noroeste do Estado do Rio Grande do Sul (Unijuí) está localizada na cidade de Ijuí/RS. Atua na formação em nível de graduação, pós-graduação lato e stricto sensu, além de formações complementares que são ofertadas para qualificação profissional. Assim, a Unijuí, através da vice-reitoria de pós-graduação, pesquisa e extensão e do Departamento de Ciências Administrativas, Contábeis, Econômicas e da Comunicação (Dacec) criou a Escola Superior de Gestão e Negócios (ESGN), com o objetivo de ser articuladora de ofertas de cursos que promovam excelência e, também, ser um elo com o mundo corporativo - público e privado.

A partir do levantamento de uma necessidade no mercado de trabalho e na ansiedade de egressos e de uma sociedade em busca de inovação, a ESGN buscava ofertar um projeto de pós-graduação que fosse além de algumas disciplinas de Coaching em um curso. Como primeira etapa foi realizada uma pesquisa nas universidades mais próximas à área de atuação e foi possível identificar que as ofertas eram apenas com algumas disciplinas de Coaching em sua grade.

Após esta primeira análise possibilitou entender que na região poderia ser ofertada uma pós-graduação que tivesse uma proposta mais voltada ao exercício da prática das ferramentas de Coaching e Mentoring auxiliando na evolução pessoal e profissional da prática efetiva da gestão estratégica de pessoas. O projeto foi concluído e, do total de 390 horas, 108 são de ferramentas de Coaching, sendo que inclui: Formação em Coaching e Mentoring, Liderança, Business Coaching e Espiritual Coaching. A Formação em Coaching e Mentoring tem certificação adicional para atuar como *coach*.

AS FERRAMENTAS DE COACHING E MENTORING E A EDUCAÇÃO

O número de ferramentas disponibilizadas na internet e em obras que o Coaching oferece é hoje incerta. São muitas e para o que se possa imaginar de metas, sonhos ou mudanças desejadas. O detalhe está em como usá-las na sua identidade, o que quer dizer, a ferramenta adequada à demanda gerada pelo ser humano. Nas formações realizadas na pós-graduação, objeto aqui referenciado, são explicitadas e realizadas as sessões exercícios para o melhor uso de cada uma delas. O contexto também contempla a relação Coaching versus educação. O ganho em manusear dentro de um espaço educativo é evidenciar o que o Coaching pode proporcionar de mudança e alcance de objetivos dos grupos e o que os grupos podem disseminar aos que forem por eles tocados pela metodologia. Algumas ferramentas experimentadas na formação: RODA DA VIDA, LISTA DE GRATIDÃO, GANHOS E PERDAS, LISTA DO GOSTO NÃO GOSTO EM MIM, MISSÃO E PROPÓSITOS, ORIGEM DAS CRENÇAS, ROAD MAP, GERENCIAMENTO PESSOAL e MAPA DAS ESCOLHAS.

Estas foram as ferramentas manuseadas durante o decorrer da formação inserida no projeto. Aconteceram sessões para o uso delas e em alguns momentos foram vivenciados individualmente. Houve um trabalho entre o primeiro e o segundo módulos que consistia em fazer um processo com alguém e usar as ferramentas para vivenciar a experiência, trazendo um relatório de acompanhamento como condição para a certificação.

OBSERVAÇÕES DOS ENVOLVIDOS

Fomos buscar opiniões a respeito do que os envolvidos no projeto perceberam, na qualidade de tomadores do serviço, seres humanos e profissionais. Também evidenciamos descobertas dos docentes que atuaram no projeto.

Um docente fala sobre a experiência: *"É algo incrível como os participantes desta turma são diferenciados na relação consigo mesmos, na disponibilidade para com o outro, na formação de grupos em sala de aula e na criatividade em resolver problemas. Também sabem perguntar, têm fundamentação em seus questionamentos e compreendem como podem fazer melhor. São prestadios e alegres, têm consciência crítica, desenvolveram muito a capacidade de argumentação no decorrer das aulas. Percebe-se sim o quanto o Coaching pode mostrar a eles que têm suas respostas, são capazes de resolver e de auxiliar os outros a encontrarem as melhores respostas para seus dissabores e para ir ao encontro a seus objetivos".*

Em abordagem a outro profissional o mesmo diz: *"Mesmo que cheguemos para uma aula de pós-graduação na normalidade, saímos com a impressão que uma significativa energia foi plantada neles e neste lugar. É uma proposta inovadora".*

Ao que diz respeito à percepção do Coaching como formação e o que ele representa como processo educativo, ou quais são os diferenciais do contato do acadêmico com a ferramenta, a experiência tem se mostrado eficaz. O diferente está em como vivem: são comprometidos, sedentos por conhecimento, desafiadores e inspirados. Recebem bem o novo e ainda demonstram claramente suas habilidades de acadêmicos desenvolvidas: trabalhos bem elaborados, criatividade na elaboração e nas apresentações."

Nas falas dos acadêmicos encontramos declarações como esta: *"O interesse e paixão pelo Coaching já existia em mim, muito antes de iniciar a pós-graduação e isto foi um motivador ainda maior. Considero que esta especialização foi até então o melhor investimento de desenvolvimento que já fiz, pois permite desen-*

volver-me enquanto ser humano e profissional. A busca pelo autoconhecimento deve ser uma constante, pois somente assim é que seremos capazes de nos desenvolver enquanto pessoas e contribuir para o desenvolvimento daqueles que estão conosco". Na sequência ainda diz: *"O autoconhecimento nos permite identificar aspectos individuais que podem ser potencializados, contribuindo para o crescimento e desenvolvimento profissional. No que diz respeito ao aprendizado das equipes, permite que enquanto liderança seja possível desenvolver e gerenciar o* mindset *das pessoas que atuam e conseguir extrair e aproveitar o que cada um tem de melhor, ou seja, fazer uma gestão da singularidade em busca de resultados, com e através das pessoas. Em relação à evolução nos relacionamentos o Coaching proporciona construir, desenvolver e fortalecer relacionamentos sadios e mais maduros, onde é possível estabelecer relações harmoniosas e coerentes com os nossos princípios e valores".*

Em outro depoimento: *"Em um processo de Coaching nada é fácil. Temos de ter a disposição de nos aprofundarmos em questões difíceis de lidar com o que realmente faz sentido, porque faz sentido, o que significa querer isso ou aquilo. Na verdade, é algo muito genuíno, com o significado extremamente significativo e profundo. Acho que um dos ensinamentos mais preciosos que eu recebi durante o meu processo de Coaching foi reconhecer o quanto é poderoso o autoconhecimento quando alinhado com os nossos desejos. É caminho para irmos ao encontro dos nossos desejos/objetivos e à clareza dos nossos propósitos, de nossos pensamentos e também das nossas ações e o quanto estamos dispostos a sermos fiéis a esse propósito. O Coaching foi um processo pelo qual obtive inúmeros ganhos, dentre eles ver a vida de uma maneira diferente, ser mais feliz vendo a vida com um olhar positivo, desenvolvi uma grande capacidade de modificar comportamentos improdutivos e aprimorar relacionamentos tantos pessoais e profissionais. O processo de Coaching trouxe luz para alguns talentos e valores que estavam escondidos. Através do processo de Coaching desenvolvemos organização, foco e 'acreditar' que um objetivo pode ser alcançado. Foram momentos de profundo aprendizado sobre mim em um determinado momento e contexto".*

E ainda: *"Desenvolvi meu autoconhecimento através dos ensinamentos e conhecimentos passados no curso, onde aprendi que primeiro sou eu de dentro para fora e manter o autocontrole, depois os outros. Foi muito satisfatório, pois minha equipe de trabalho a cada dia é mais unida e solidária. Minha evolução como pessoa é indiscutível. Foi e está sendo incrível, nunca imaginei que pudesse ver meus erros - ajustar alguns, continuar a ajustar outros e ver minha vida lentamente se moldando como quero e desejo, em todos os aspectos e entender que é possível desde que se tenha persistência e dedicação em algumas mínimas coisas e tudo já começa a mudar. É incrível o que se enxerga após nos autoconhecermos".*

Assim temos a primeira visão da primeira edição desse projeto. A segunda edição também já está em andamento. A Universidade inova sintonizada com o mercado e com as tendências de desenvolvimento dos seres humanos e do que as organizações necessitam para alavancar resultados e crescer continuamente.

Ailza Gabriela Almeida Amorim

5

Filhos e pais: relações ideais?
Entenda como transformar-se para potencializar as relações familiares e a educação dos filhos

coach@ailzaamorim.com.br
(38) 98853-9363

Ailza Gabriela Almeida Amorim

Mestrado em Gestão e Avaliação da Educação Pública pela Universidade Federal de Juiz de Fora (UFJF) (2012), especialização em Planejamento, Implementação e Gestão da Educação a Distância pela Universidade Federal Fluminense (UFF) (2015), especialização em Alfabetização e Linguagem pela Universidade Federal de Juiz de Fora (UFJF) (1993), graduação em Pedagogia com habilitação em Supervisão e Inspeção Escolar - Universidade do Estado de Minas Gerais (UEMG) / Faculdade de Filosofia e Letras de Diamantina - Fafidia/Fevale, Diamantina, MG. Analista Educacional na Superintendência Regional de Ensino Diamantina (SRE Diamantina) - MG. Professor pesquisador (bolsista) do curso de Pedagogia EaD na Universidade Federal de Ouro Preto (UFOP). Experiência na área de Educação com ênfase em políticas públicas educacionais, formação de professores com foco no ensino e uso das tecnologias da informação e comunicação na sala de aula, Avaliação em larga escala, Metodologias de ensino nos anos iniciais do Ensino Fundamental visando a melhoria da aprendizagem dos alunos e redução das diferenças. Atua principalmente nos seguintes temas: Gestão da Educação Pública, Políticas Públicas Educacionais, Formação de Professores, e Avaliação da Educação Pública (Avaliações Externas), Educação a Distância. Formação e experiência em educação aliada à Formação Professional Coaching Practitioner e Advanced Coaching Practitioner pela Abracoaching. Atua como *coach* de pais e famílias. Ajuda mães e pais que sentem dificuldades na educação dos filhos a resgatar a autoridade, vencer crenças limitantes, conquistar o respeito dos filhos e alavancar as relações familiares de forma saudável e natural, através da utilização das ferramentas de Coaching num processo com duração de três meses. Isto porque a família é a base da sociedade e a educação é a base da família.

Você é mãe/pai e vive com inúmeras interrogações sobre a melhor maneira de educar seus filhos? Questiona-se, constantemente, se está agindo de forma correta e, muitas vezes, tem a sensação de "impotência" para educá-los? Como tais questionamentos são muito comuns em todos os níveis e setores da sociedade, este conteúdo foi elaborado com muito carinho para você, tomando como referências a formação e experiência de 30 anos na educação e de atuação como *coach* de pais e famílias.

Independentemente da formação, do nível socioeconômico, das crenças religiosas, das profissões, planejando ou não, as pessoas se tornam mães e pais. Com foco na melhoria da qualidade de vida das crianças e dos jovens, o conteúdo objetiva promover reflexões que possibilitem aos pais compreenderem os seus desafios do dia a dia para entenderem melhor os seus filhos.

UMA CONTEXTUALIZAÇÃO SOBRE OS CONCEITOS DE FAMÍLIA

O mundo em constantes e aceleradas transformações promove variações também nas relações interpessoais. Os desafios enfrentados no dia a dia bem como o valor do amor e do respeito ao próximo não são menos válidos nas novas estruturas de famílias.

Dentre a diversidade de constituição tem-se famílias compostas por pai, mãe e filhos, ou seja, a família tradicional. Há aquelas formadas por recasamentos, que podem carregar consigo filhos do casamento anterior somando-os aos novos filhos da atual relação. Há estruturas familiares cujos avós têm a tutela do menor, outras nas quais as crianças são educadas apenas pela mãe, assim como há aquelas cujos filhos estão sob os cuidados somente do pai. Há, também, a guarda compartilhada, na qual as crianças experimentam ambientes alternados em dias distintos com cada um dos seus pais. Ressaltem-se ainda as famílias homoparentais, cujas crianças têm duas mães ou dois pais.

As transformações nas estruturas familiares acompanham as mudanças socioeconômicas e culturais e do contexto no qual estão inseridas. Porém, não é a organização familiar que definirá o desenvolvimento da criança, mas, sim, a forma de atendimento às suas necessidades básicas através da qualidade do ambiente físico, emocional e social que oportunize as condições necessárias ao desenvolvimento integral da criança de forma saudável.

Para você refletir: como é a sua família hoje? Que família você quer ter? Que valores você pretende desenvolver nos seus filhos? O que você faz para que ela seja constituída conforme seus valores? O que cada um pode fazer para que a sua família seja cada vez melhor? Como os seus filhos se sentem em relação à educação que recebem?

A relação respeitosa em casa indica que fora dela a criança terá uma relação respeitosa com outros adultos. O contrário também acontece. Se em casa não há respeito entre os membros familiares as crianças não saberão respeitar os adultos fora do contexto família. Mudar não significa abrir mão de tudo. Pode-se promover mudanças preservando valores, sentimentos que fazem parte da sua história de vida.

QUEM SOU EU? A IMPORTÂNCIA DO AUTOCONHECIMENTO

Convido você a fazer uma viagem pelo seu interior. Inspire profundamente, segure o ar, conte até sete e solte-o lentamente. Repita o exercício por três vezes. Agora reflita: diante do espelho, ao ver o seu cabelo desarrumado, qual é a sua atitude? Arruma o próprio cabelo ou tenta arrumar o espelho? Resposta óbvia, mas, é uma comparação bem prática para a compreensão de que vemos no outro as nossas próprias limitações, ou seja, o que me incomoda no outro pode estar em mim e, por não perceber, quero mudar o outro. Assim, todas as vezes que algo no outro o incomodar, volte-se para o seu interior e pergunte-se: o que em mim precisa ser modificado? É um excelente exercício para o crescimento pessoal.

As perguntas são empoderadoras e promovem a evolução pessoal. Reflita: como você ouve as pessoas? Dá a devida atenção? Repete o que elas dizem para reafirmar a mensagem emitida, demonstrando a sua atenção e compreensão? Olha nos olhos do outro enquanto conversa com ele? O seu aperto de mão é firme? O seu abraço é aconchegante e energizante? Como reage ao que vê e ouve? Costuma elogiar sinceramente, agradecer, estabelecer um diálogo tranquilo com todos ou só aponta defeitos?

A partir da reflexão sobre o seu "EU" pessoal, o convite é para que você mergulhe no conteúdo a seguir e analise a sua relação com o outro, especialmente com o seu filho, nas relações familiares.

AUTORIDADE X AUTORITARISMO

Você escolheria para ser seu amigo alguém que gritasse com você, que lhe faltasse com o respeito, que apontasse os seus "defeitos" e ainda que o humilhasse diante de outras pessoas? Sabia que agir com propósito e energia não quer dizer que você deve ser autoritário e grosseiro, mas que é possível ter autoridade e firmeza com muito carinho e afeto? Lembre-se de que educar não é dizer sim para tudo e passar a mão na cabeça do filho. É estar presente, assumir a responsabilidade da formação do filho que trouxe ao mundo. Educar é colocar limite, afinal, vive-se numa sociedade que tem leis e regras. Ser amigo do filho é essencial e ser amigo é consequência do bom relacionamento entre pais e filhos. A amizade nasce a partir das boas relações entre as pessoas. Então, que imagem você passa para o seu filho e ele reproduz? Criança vê, criança faz. Assista ao vídeo *children see, children do* em: https://www.youtube.com/watch?v=7d4gmdl3zNQ

ESTAR PRESENTE X DAR PRESENTE

Você já ouviu relatos de amigos e/ou colegas de trabalho sobre situações vexatórias que passaram com os filhos em ambientes públicos, tipo: gritos, pirraças, choros, desaforos? Na maioria das vezes acontece porque os pais tentam substituir a sua presença em casa por presentes. Acreditam que ser pai se resume em dar comida, roupas, casa escola, ou seja, ser apenas provedor e os filhos se formam por si sós.

A qualidade do tempo dedicado à família é fundamental. Ressignificar e otimizar o tempo que passa com o filho é permitir-se acompanhar de perto o crescimento dele.

Pesquisas indicam que se vive 75% do tempo de passado, 20% de futuro e somente 5% no tempo presente. O que você pode fazer agora e que lhe dará um passado bom de ser lembrado e o futuro poderá ser menos cheio de expectativas?

Pais que dedicam tempo ao filho:
- ✓ Deixam o celular em descanso;
- ✓ Constroem diálogos amigáveis;
- ✓ Promovem relações mais afetuosas;
- ✓ Tornam-se referência positiva;
- ✓ Tornam-se confidentes dos filhos.

Em vez de dar tudo para o seu filho você pode SER tudo para ele. Dizer um NÃO com justificativa também é uma forma de amor. Que tal dizer a ele: é porque eu te amo que digo "não". Assim, quando a vida disser NÃO para o seu filho, ele saberá lidar com as frustrações e lembrará, com orgulho, do aprendizado que você lhe proporcionou.

ACOMPANHAR X COBRAR

Vive-se numa sociedade cujo mercado de trabalho é cada vez mais exigente com números, metas, prazos curtos, exigindo de todos maior esforço, dedicação e produtividade. Como um terço da vida de cada um é dedicado ao trabalho, muitas vezes reproduz-se nas relações familiares o que acontece na empresa e esquece-se de ensinar, orientar, acompanhar e, sobretudo, colaborar.

Você pode questionar: "Como agir com a criança diante de um erro cometido por ela?" Com o mesmo carinho e afeto de quando ela estava aprendendo a caminhar. Você a socorria, apoiava e a incentivava a recomeçar, correto? Sabiamente o Henry Ford diz: "Não aponte defeitos, aponte soluções". A criança precisa de orientação, de reforço dos seus pontos positivos.

É preciso ensinar a criança a organizar os brinquedos, guardá-los juntos para, futuramente, poder cobrar que os brinquedos estejam guardados. Para tanto, é preciso dedicação, repetição, persistência, disciplina e, sobretudo, tolerância.

Educar é melhor e mais fácil que corrigir, porém, se você perceber que há necessidade de uma correção no processo educacional do seu filho, que seja feita agora, com o coração, com afeto, respeito, amor e compaixão.

DIÁLOGO X ISOLAMENTO

"Os filhos não precisam de pais gigantes, mas de seres humanos que falem a sua linguagem e sejam capazes de penetrar-se o coração." Augusto Cury

Como é o diálogo em sua casa? Você tem um bate papo-aberto com o cônjuge? E com os seus filhos? É importante repensar sobre a forma que cada um compreende a mensagem recebida. Uns aprendem ouvindo. Outros, visualizando. Há aqueles que são cinestésicos. Quando se levantam expectativas no outro e este não as atende por não compreender a mensagem, há julgamentos e formação de opiniões que podem dar início a conflitos sem que estes existam.

Há casais que se esquivam da responsabilidade diante de alguma situação com o filho. Porém, para uma mesma situação, na casa em que a mãe diz água e o pai diz vinho a criança desanda (Içami Tiba). A incoerência pode contribuir para a formação de um sujeito inseguro, sem autonomia e desequilibrado emocionalmente.

Quanto ao isolamento, muitos pais reclamam e apontam a tecnologia como culpada. Esta promove o isolamento desde que não haja um acordo estabelecido em família sobre as formas de utilizá-la, portanto, pela falta de diálogo, de autoridade do adulto. Lembre-se de que tudo muda quando você muda a forma de se comunicar.

VALOR X CUSTO

O descontrole sobre a influência das propagandas e dos estímulos publicitários acaba influenciando negativamente as relações familiares.

Quando os pais necessitam trabalhar mais, ausentam-se do convívio familiar para receber mais e TER mais a oferecer aos filhos. O valor do tempo dedicado aos filhos vale mais do que o dinheiro proporciona. Bens materiais têm valor superficial e se perdem com o tempo.

Para o seu filho crescer com autonomia e equilíbrio emocional, a referência de um adulto é fundamental. A melhor referência de adulto deve ser você. O valor da educação não tem preço.

ACONTECE COM TODAS AS FAMÍLIAS?
A PESQUISA: RESULTADOS E ANÁLISE

Elaborou-se uma pesquisa com perguntas objetivas sobre o nível de participação dos pais no desenvolvimento e acompanhamento da vida escolar dos filhos e da relação com estes no dia a dia.

Perfil dos participantes: 79% do sexo feminino e 21% do sexo masculino. Quanto à faixa etária: 19% estão entre 20 e 35 anos, 52% de 35 a 50 anos e 29% acima de 50 anos.

Sobre a escolaridade dos sujeitos tem-se: 58% com Ensino Superior Completo, 24% com Ensino Médio Completo e 18% com Mestrado ou Doutorado. Sobre o número de filhos: 48% têm apenas um, 36% têm dois e 16% têm mais de dois filhos.

Diante da questão: "Você acompanha o desenvolvimento do seu filho na escola?", evidencia-se que 68% dos pais acompanham, o que é de grande valor para a formação das crianças e jovens bem como para o fortalecimento da relação escola e família. Por outro lado, 16% acompanham o desenvolvimento dos filhos, mas, vão à escola raramente. Preocupante é a situação dos 13% que acompanham, mas não vão à escola e dos 3% que não acompanham. A relação de parceria promove o desenvolvimento de todos os envolvidos no processo educacional porque se somam os saberes, criando um novo saber que promove o crescimento coletivo.

Sobre a pergunta: "Quem é o maior responsável pela educação do seu filho?" Apenas 65% responderam ser responsabilidade do casal. Outros 33% assumiram a responsabilidade de educar os filhos sem o apoio do cônjuge e 3% apontaram o outro como responsável, eximindo-se da responsabilidade de educar. Pais precisam sentir-se coparticipativos na educação dos filhos tanto em casa quanto na escola.

Sobre a frequência dos encontros com os professores dos seus filhos, 40% afirmaram que tal encontro acontece somente quando solicitado, ao passo que 46% responderam que o encontro com os professores do filho se dá mensalmente ou bimestralmente. Um percentual significativo, ou seja, 14%, respondeu que nunca se encontra com os professores. Por que significativo? Porque o contato com o professor dos seus filhos é de fundamental importância para que ele perceba que você se preocupa com a formação do seu filho. Quando o pai se faz presente, a escola se sente mais responsável e, consequentemente, a qualidade da educação aumenta.

Mesmo sem o conhecimento do conteúdo que o seu filho esteja estudando, é importante inteirar-se sobre a metodologia utilizada, como são as relações interpessoais dos professores entre si, com a direção, com os pais e especificamente com os alunos. Poderá perceber a (in)coerência entre as ações da escola e a sua missão, acompanhar o desenvolvimento do projeto pedagógico desta escola e compreender os pontos fortes e pontos para melhoria deste, o que foi possível e o que não conseguiu cumprir e o porquê do não desenvolvimento das ações propostas.

Quanto ao conhecimento sobre o envolvimento social dos filhos na escola tem-se que: 74% sabem bastante sobre a socialização do filho no ambiente escolar, 25% sabem pouco e 6% não sabem. Atenção! Caso você se encontre no grupo dos pais que sabem pouco ou que não sabem nada sobre a socialização dos filhos, fique alerta! Não cabe à escola sozinha a formação do seu filho, nem a você somente educá-lo.

Outro destaque neste estudo é sobre a questão: "Quanto você ajuda o seu filho no cumprimento das tarefas 'Para Casa'?" Analise em que grupo você se enquadra: 55% dos pais responderam que ajudam sempre, 25% pouco e 20% quando o filho solicita. Há "N" formas de ajudá-lo, como: verificando se ele está estudando, pedindo a ele para ensinar a você algo que tenha aprendido... Sabia que crianças e jovens adoram ensinar? Certamente seu filho se sentiria muito feliz em lhe ensinar algo. Sobre os 20% que responderam que ajudam o filho quando solicitado, duas questões para você refletir: "Será que você sempre pede ajuda quando precisa de algo? O seu filho se sente à vontade para solicitar a sua ajuda?" É importante ser proativo, perceber o que o outro necessita e se prontificar a ajudá-lo.

Na questão: "Você conhece os amigos do seu filho?, apenas 66% afirmaram conhecer todos os amigos, 26% conhecem poucos e, preocupante: 8% não conhecem. Sabia que os amigos podem influenciar seu filho tanto positiva quanto negativamente? Isto porque valorizam as opiniões, a forma de ser e agir e sentem-se inclusos no grupo de amizade, portanto, conhecendo-os, conhecerá muito sobre o seu próprio filho.

Sobre a questão emocional: "Seu filho gerencia bem suas emoções?", praticamente 50% das crianças e jovens não gerenciam as suas emoções ou as gerenciam às vezes (Fig01). Um lar cujas relações familiares são equilibradas, harmoniosas favorece um ambiente emocionalmente saudável para os filhos em formação.

Figura 1: **GERENCIAMENTO DAS EMOÇÕES**

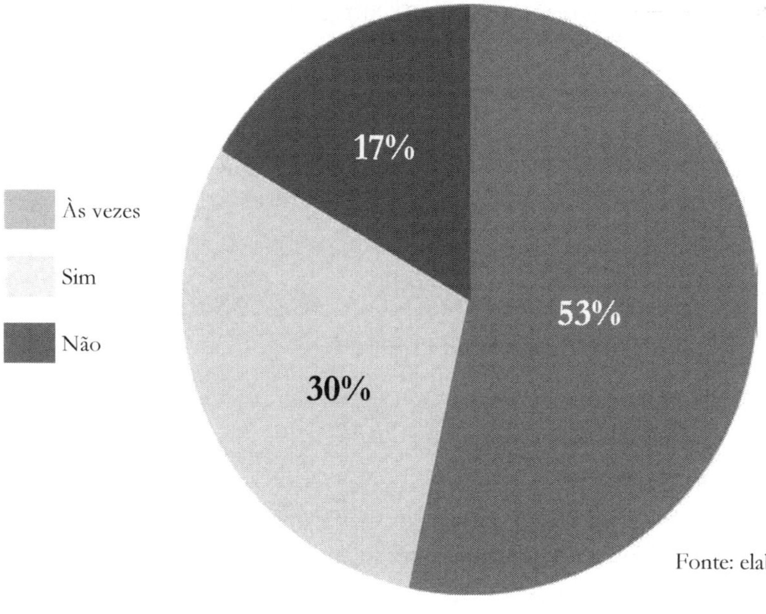

Fonte: elaborado pela autora

A convivência com adultos emocionalmente desequilibrados favorece a formação de crianças emocionalmente desequilibradas, incapazes de gerenciar as suas emoções. Portanto, atente-se para a forma como você reage em situações conflituosas.

Quando questionados se os filhos são independentes para desenvolver as atividades de casa, 47% responderam que sim, 39% às vezes e 14% afirmaram que não e que precisam de acompanhamento constante. É importante distinguir se o filho apresenta dificuldade na compreensão do conteúdo ou se é uma questão emocional, ou seja, usa a dificuldade como pretexto para que o pai/mãe lhe dê atenção.

Sobre inclusão: "Seus filhos são incluídos nos momentos de planejamento de passeios, viagens em família?" O equivalente a 87% afirmaram que sim e 8% disseram que raramente planejam com os filhos. Há um grupo de 5% que afirmou: "Não, nós decidimos tudo". Reveja a forma de planejar e peça opiniões, sugestões, ainda que apresente as opções, caso o filho sugira algo que não caiba no orçamento, mas, chame-o para decidirem juntos. A criança precisa ter a sensação de pertencimento, de inclusão. É importante colocar-se no lugar do outro e se perguntar: "Como me sentiria e/ou agiria se apenas fosse comunicado sobre o dia e o local de um passeio?"

Como todas as formas de diálogo devem ser estimuladas, em relação à ocupação profissional dos pais, 68% responderam que os filhos conhecem e sentem-se à vontade para falar sobre o seu trabalho. Outros, 21%, responderam que os filhos conhecem pouco, portanto, falam pouco a respeito e 11% responderam que os filhos não conhecem nem falam sobre o seu trabalho. Entenda que conversar com o seu filho sobre a sua atividade profissional é uma forma de estabelecer diálogo, confiança, fortalecer laços afetivos, e ainda ajuda o filho na tomada de decisão sobre a carreira profissional a seguir.

COMO O COACHING PODE POTENCIALIZAR AS RELAÇÕES FAMILIARES E A EDUCAÇÃO DOS FILHOS

O processo de Coaching consiste em estimular os pais a pensar de forma analítica sobre a importância da sua atuação na educação dos filhos com vistas à mudança de atitude que favorecerá o crescimento individual e coletivo. Ao situar-se no contexto familiar elabora-se, juntos, um plano de ação com metas, objetivos e prazos bem definidos, dentro da possibilidade de cada um com o apoio de ferramentas poderosas. O cliente desenvolve o autoconhecimento, empoderamento e autoconfiança para que possa atuar assertivamente na educação dos filhos. Isto se dá através do programa "Pais descomplicados: eduque brincando e brinque educando", cujos resultados esperados são relações familiares saudáveis, com respeito, afeto e autoridade sem autoritarismo. ATITUDE é essencial para passar de uma situação incômoda para outra mais confortável.

Na pesquisa apresentada, 45% disseram que participariam de um processo de Coaching, 42% talvez e 3% não, por não acreditarem. Percebe-se que acreditam no apoio de um profissional para promover mudanças significativas nas relações familiares com vistas à formação integral dos filhos.

CONSIDERAÇÕES FINAIS

A união familiar consiste no estabelecimento de confiança, respeito, atenção afeto e cooperação para a consolidação dos vínculos afetivos entre seus membros.

Decidir assumir a educação do filho é, sobretudo, abrir-se ao novo: aprender, acreditar, atuar, persistir e aguardar. "Estar decidido, acima de qualquer coisa, é o segredo do sucesso", segundo Henry Ford.

Enfim, invista na educação do seu filho para que ele cresça em um ambiente saudável cuja referência de adulto de autoridade e, sobretudo, de amor e amizade seja você.

Angélica Rodrigues Barros

6

Educar é um desafio? Aprenda cinco segredos para educar com sucesso

aplicação do
COACHING
&
MENTORING
na
EDUCAÇÃO

(27) 99582-2738
angelicarbarros@gmail.com

Angélica Rodrigues Barros

É *leader coach* e mentora, analista comportamental especialista em Inteligência Emocional, Life & Professional Coach, pós-graduada em Aconselhamento familiar e de casais.
Pedagoga, especialista em supervisão, orientação e gestão escolar. Apaixonada pela Educação.
Participou do grupo de estudos e elaboração do livro "Pedagogia Adventista pela Casa Publicadora Brasileira".
Trabalhou por 30 anos na Rede Educacional Adventista. Durante esse mesmo tempo ministra *workshops* direcionados ao relacionamento familiar em diversos Estados brasileiros (Paraná, São Paulo, Minas Gerais, Pará, Rio de Janeiro, Bahia e Espírito Santo).

Há muitos debates e discussões em torno dos atuais sistemas educativos dos quais é composta a sociedade pós-moderna e, atualmente, a maior parte dos problemas relacionados à educação abordam patamares complexos. Entretanto, todo projeto educacional que visa alcançar o ser como um todo e deseja formar nele um caráter íntegro tem a família como principal célula social.

Muitos pais hesitam ante a responsabilidade de educar, estabelecer valores, e marcar a vida dos filhos com disciplina e cumplicidade. Outros tantos preferem eximir-se desta responsabilidade, tornando-a matéria terceirizada, delegando-a para babás, escolas, centros de treinamento de crianças e outros tantos locais definidos pela sociedade como ponto de apoio às famílias. Entretanto, por mais bem preparadas que essas instituições sejam, nunca suprirão a carência deixada pela ausência familiar. É importante ressaltar que de modo geral as instituições educacionais têm prestado um serviço nobre à sociedade. Contudo, quando recebe em suas mãos um ser tão pequeno para ofertar caminhos de vida, ela jamais deve ser a única a prestar esse serviço e também não pode fazer o papel da família na formação de um cidadão.

Muitas de nossas crianças recebem dos pais valores temporais ao invés do carinho e bens materiais como substitutos dos valores educativos. A tendência de substituir a devida atenção que os pais deveriam dar por tantas outras ideias que parecem razoáveis e modernas macula o poder da formação humana reflexiva e extrai da criança a essência de aprender a amar e ser amada como pessoa e não por coisas materiais. Criar um vínculo sagrado e que dê unidade à família é, sem dúvida, reforçar a única alternativa que pode proporcionar felicidade e dignidade aos seres humanos.

Muitas famílias encontram-se perdidas no mundo da tecnologia e o filho torna-se vítima de um sistema atropelador onde pais correm em busca do "ouro" para manutenção familiar e pessoal. É uma meta importante, algo de que poderíamos nos orgulhar, não fora pelas consequências danosas refletidas nos filhos, que se assemelham a órfãos de pais vivos. Sofrem com a dicotomia nos valores éticos, morais e espirituais pelos quais são cobrados mesmo que não tenham sido treinados para atuar corretamente.

Aqui serão elencados cinco segredos capazes de amenizar as dificuldades e contribuir para o sucesso ao educar. Se colocados em prática, eles ajudarão a tornar a tarefa de educar menos estressante e mais prazerosa.

1- AMOR: PRINCÍPIO VITAL

O amor faz parte da vida humana, e é seu mais profundo anseio, o desejo de ser amado, aceito, pertencente. Ter o amor dos pais e a segurança que esse amor pode oferecer na primeira infância fará que a personalidade se forme em clima de confiança e que as estruturas emocionais, ainda que na vida adulta se desequilibrem, permaneçam por mais tempo inabaláveis.

Os filhos ouvem declarações de amor - quando as ouvem -, porém, as ações de amor, muitas vezes, estão longe de existirem no âmbito familiar. Mas o que são ações de amor? Onde essas ações são vistas, vividas ou presenciadas no cotidiano dessas crianças?

A referência é amar e dedicar tempo para brincar, sentar no chão e participar das mais simples às mais elaboradas brincadeiras e invenções da alma ingênua. O amor deve ser expresso por palavras e atos. Uma criança recebe evidências de amor quando os pais dedicam parte de seu tempo para estarem ao lado dela. Ter uma rotina exclusiva da família no horário das refeições, ao realizar tarefas cotidianas, rituais para dormir, beijo no dedinho machucado são ilusões da infância que deixam a indelével sensação da certeza da presença de alguém ao seu lado para dar segurança em momentos difíceis e fazê-la sentir-se melhor.

Helena, de dois anos de idade, olha para sua mãe que chora, acaricia-lhe o rosto e diz com delicadeza: "Eu te amo, mamãe, não precisa chorar, estou aqui". Onde essa criança aprendeu a desenvolver atitudes de amor? Será que as pequenas imagens gravadas no âmago de seu ser poderão ser apagadas algum dia? É na atitude de amor que o ser humano adquire confiança própria e autoestima. O amor dos pais e de todos os membros da família é a força propulsora que dignifica e sustenta o ser humano. Ela representa a força superior, criadora e mantenedora da vida na Terra. No amor, não há temor!

2- OBEDIÊNCIA QUE PROTEGE

Quando uma criança nasce, ela desconhece os princípios da obediência. É como uma folha em branco. No transcorrer de seus dias os rabiscos da vida começam a preenchê-la, ora limpa e sem marca alguma, com sugestões, modelos, e outras tantas formas de marcar a existência. Para formar uma mente obediente é preciso consciência de que toda a vida é regida por leis e são elas que nos protegem. Respeitamos as leis de trânsito, porque elas evitam acidentes. As leis da saúde quando desrespeitadas podem causar a morte.

Se obedecer é cumprir leis, é essencial que elas sejam bem redigidas e esclarecidas pelos pais, pois só se pode esperar o cumprimento de regras por alguém quando há o conhecimento de sua existência. Tantas diretrizes parecem desnecessárias quando sequer os pais se dão conta de que elas foram prescritas, porém, é essencial tê-las, pois direcionam a criança para os procedimentos corretos que a nortearão nas decisões a serem tomadas.

Cabe aos pais estabelecer as regras. Filhos são guiados, e precisam saber a direção que devem seguir. Não é possível pensar em educar sem direcionar. Dar o norte e exigir obediência é papel dos pais, pois filhos obedientes são poupados de dissabores na vida e encontram maior felicidade e estabilidade emocional. O crescimento e desenvolvimento acadêmico também se processam melhor em filhos obedientes, pois eles terão menor dificuldade em obedecer às regras e serem disciplinados por professores e orientadores. Uma vez que a criança aprendeu a obedecer, as dificuldades para cumprir normas serão minimizadas. Até mesmo a disciplina para as conquistas passa pelo caminho da obediência, sejam elas no âmbito esportivo, matemático, nas relações humanas, ou outras quaisquer que visam dar segurança e proteção. Obedecer não é questionar, fazer barganhas, esperar contagem regressiva ou tantas outras invenções que acompanham esse processo. Obedecer é cumprir a ordem no prazo definido.

Antes, porém, que a criança aprenda sobre leis, ela precisa aprender a confiar nos pais nas pequenas coisas e, assim, formar o hábito de obedecer-lhes. A educadora Ellen G. White escreveu com muita propriedade sobre esta questão quando diz que "desde os primeiros anos a criança deve ser ensinada a obedecer aos pais, a acatar-lhes a palavra e a lhes respeitar a autoridade".

Ao reconhecer a importância da obediência, faz-se necessário também que os pais se adequem às mesmas regras que exigem dos filhos, pois, sendo modelos, podem exercer maior influência sobre eles.

3- MODELO QUE EDUCA

Todo ser humano busca modelos. Muitas vezes entendemos que o falar corretamente e dar ordens alcançarão o coração e a mente das crianças. É um erro pensar que as palavras terão maior poder decisório do que as ações.

A criança, em qualquer lugar do mundo, qualquer geração, raça ou etnia, vê nos pais um modelo a ser seguido. A forma com que são administradas as questões da vida torna-se uma forte referência social para a criança. Muitas vezes, ela repete palavras - até sem sentido -, faz trocadilho de vocábulos e sílabas, imita o que vê e ouve dos pais ou de qualquer outra referência, sejam elas boas ou más. A constante repetição desse modelo contribuirá na formação do caráter dela. Os interesses, muitas vezes, serão diferentes dos interesses dos pais, mas seu modelo sempre será refletido em suas atitudes. É imperativo ser íntegro no caráter e nas ações. Algumas brincadeiras e erros podem parecer inofensivos e divertidos na infância, mas enquanto a criança cresce essas atitudes serão reforçadas por ela e formarão o baldrame de sua essência. White diz: "O que a criança vê e ouve produz impressões profundas em sua mente sensível, que nenhuma circunstância posterior da vida poderá desfazer por completo".

O modelo de cidadão que queremos para o futuro passa pelo presente. Vem dos pais, irmãos, avós, tios, quem quer que tenha a responsabilidade de educar na família. Eles são miniaturas dos adultos no gesticular, falar, pedir, brincar. Ser um modelo digno de imitação e multiplicação é a melhor maneira de somar o grau de confiança nos pais, melhorar o mundo ao nosso redor e criar na criança valores positivos, bem como reforçar atitudes de bondade, cortesia e serenidade que são atributos tão almejados nos seres humanos.

4- FALE POSITIVO

O peso da palavra "não" é forte! Nascemos ouvindo e convivendo com esse termo tão necessário, mas que pode ser substituído na educação por outras expressões que causem um impacto positivo.

A ideia é minimizar a utilização do "não" nas situações mais cotidianas e utilizá-lo apenas nos momentos em que é realmente preciso dizê-lo, pois ele é educativo. Para os pais é mais fácil verbalizar o "NÃO" e, com isso, muitos deixam de se aproximar de seus pequenos para ajudá-los a entender os mistérios do "fazer ou deixar de fazer".

Quando a criança é impedida de realizar determinadas atividades que o adulto está acostumado a fazer, ela certamente ficará confusa diante dessa negativa, e a tendência é a desobediência pela incompreensão. Explicar o porquê da proibição naquele instante é muito significativo, pois as explicações com o uso de abordagens positivas propiciam uma mudança na atitude da criança em relação aos seus pais. Requer paciência. Será preciso parar, aproximar-se da criança e muitas vezes justificar as razões do pedido. Mexer na caixa de ferramentas, por exemplo, pode ser atrativo para uma criança, que após saciar sua curiosidade não terá mais interesse naquilo, ou seus interesses serão dirigidos para o uso correto dos equipamentos ali inseridos como uma lição aprendida. Algumas frases como: "Não pode fazer assim", "Não fale com a boca cheia", "Não corra" podem facilmente ser substituídas por "Faça da seguinte forma", "Fale depois que você mastigar", ou "Ande devagar". São os enfoques positivos, que produzirão ações de caráter prático, contribuindo para melhor saúde emocional. Faça sua criança crescer positiva!

5- ENSINE A TOMAR DECISÕES

Napoleão Bonaparte disse que "Nada é mais difícil e, portanto, tão precioso do que ser capaz de decidir". Decisões são constantes e importantes na vida. Nós as tomamos a cada instante. Algumas são fáceis e conscientes, outras difíceis e fora do controle do consciente. Mesmo como adultos, temos muitas vezes de esperar dias e analisar inúmeras questões até que seja possível decidir. Não é diferente para as crianças. Elas precisam ser treinadas a fazer escolhas razoáveis, pensadas e que evitem danos.

Entretanto, nem sempre as decisões são tomadas por quem as deveria tomar. Muitas vezes os pais tomam as decisões pelos filhos, deixando-os crescer sem saber fazer escolhas e isso os tornará sempre dependentes dos pais. As crianças precisam ser treinadas a fazer escolhas na vida, mesmo que pequenas, como a história que quer ouvir ou qual lanche levar para a escola. Alternativas são essenciais no processo de escolha. A princípio, dê opções simples como a de qual roupa vestir. Peça a ela que escolha entre as previamente separadas. Ela pode também escolher se quer comer alface e tomate ou cenouras e brócolis. Arroz e feijão ou arroz e lentilhas.

Essas ações da família são essenciais para que a criança ganhe confiança, sinta-se assistida e valorizada como pessoa. Não são os direitos e valores familiares que devem ser mudados, pois eles são de responsabilidade dos pais, mas sim as escolhas rotineiras e simples.

É um desafio educar! Nunca foi tarefa fácil, e nunca será, haja vista que as mudanças sociais, políticas e econômicas geram pessoas mais exigentes e menos tolerantes. As gerações passadas vivenciaram momentos difíceis, que só quem andou por aquela estrada saberá contar os prejuízos de uma época em que até mesmo os meios de comunicação eram precários, ou será que nossa atual geração ainda anseia por melhores condições tecnológicas?

Somos de gerações diferentes, construímos valores diferentes e os valores se modificam a cada momento. Evoluímos, repensamos e criamos nossos valores pessoais e familiares, porém, o que mantém a estabilidade são os princípios e eles não mudam, ou não deveriam mudar.

O ser humano se afasta da sua essência de vida por inúmeras razões e ao caminhar sozinho se distancia das possibilidades de vida e felicidade.

Alcançar sucesso, ser feliz, fazer feliz são habilidades emocionais. Todos querem essa qualificação de vida que abençoa o ser humano e o impulsiona para alcançar o sucesso na educação dos filhos. O importante é ter em mente que como pais e educadores estamos sujeitos a cometer erros, mas ao buscar a melhor forma de educar para alcançar sucesso estaremos aptos a abençoar crianças e construir uma sociedade menos agressiva e mais justa.

REFERÊNCIAS BIBLIOGRÁFICAS

WHITE, Ellen Golden. Conselhos a Pais, Professores e Estudantes, pág. 158. Tatuí, SP: CPB, 2014.

_____ Mente Caráter e Personalidade, Vol. I pág. 151. Tatuí, SP: CPB, 1989.

Eugenia Finco Pereira

O papel do coordenador pedagógico na escola

7

(27) 99794-4971
eugeniaezilandio@hotmail.com

Eugenia Finco Pereira

É graduada em Pedagogia, pós-graduada em Alfabetização e Letramento e Séries Iniciais do Ensino Fundamental.
Coach e mentora educacional, especialista em Inteligência Emocional.
Atua com diretora e pedagoga na Escola Adventista.

O trabalho do coordenador pedagógico está, sem dúvida alguma, associado ao processo de formação em serviço do professor, ele é o suporte que gerencia, coordena e supervisiona todas as atividades relacionadas com o processo de ensino e aprendizagem visando sempre o bom andamento escolar.

Segundo Almeida (2003), cabe ao coordenador "acompanhar o projeto pedagógico, formar professores, partilhar suas ações, também é importante que compreenda as reais relações dessa posição".

Coordenadores e professores devem ser parceiros na organização de projetos, estudos e busca de soluções para as dificuldades enfrentadas no dia a dia. Juntos, devem refletir e discutir, como promover maiores reflexões e que metodologias são mais adequadas em determinadas situações. Cabe ao coordenador fazer a interlocução com o professor, ajudando-o a amadurecer seus planejamentos.

O coordenador deve estar sempre atento aos relacionamentos, buscando a interação entre todos dentro do espaço escolar, precisa articular as instâncias escolar e familiar sabendo ouvir, olhar, e falar a todos que buscam a sua atenção, por isso, se faz necessário um profissional que vai além de sua função.

Tomo emprestadas as palavras de Fonseca (2001), aplicando-as à necessidade do papel na escola, que deve:

Ser um instrumento de transformação da realidade, resgatar a potência da coletividade, gerar pela esperança, gerar solidariedade e parceria, ser um canal de participação efetiva, superando as práticas autoritárias e/ou individualista, ajudando a superar as imposições ou disputas de vontades individuais, na medida em que há um referencial construído e assumido coletivamente. Aumentar o grau de realização e, portanto, de satisfação de trabalho. Colaborar na formação dos participantes.

Desta forma, o coordenador pedagógico estará agindo como ator social, agente facilitador e problematizador do papel docente, primando pelas intervenções e encaminhamentos mais viáveis ao processo ensino e aprendizagem.

O COORDENADOR COMO UM DOS AGENTES TRANSFORMADORES DA ESCOLA

Transformar significa ultrapassar o estabelecido, desmontar os antigos referenciais, adotar novas bases conceituais, construir outras modalidades de ação, ligando objetividade e subjetividade (Maria da Glória Pimentel – 1999).

A todo momento constatamos indícios de mudanças nas diferentes culturas e sociedades e muitas vezes nos sentimos despreparados. Eles têm chegado até a escola, levantando questionamentos que demandam reflexões e sobre as quais o coletivo da escola precisa se debruçar. Desvelar e explicitar essas mudanças são alguns dos objetivos do trabalho dos coordenadores, mas, acima de tudo, é preciso um trabalho conjunto dos educadores da escola, que supõem diálogo, troca de diferentes experiências e respeito à diversidade de pontos de vista. Cabe aos coordenadores levarem os educadores à conscientização da necessidade de uma nova postura, acreditar na possibilidade de transformar a realidade e também acreditar na escola como um espaço adequado para cumprir sua função inovadora.

Quais seriam as ações do coordenador, com o professor, capazes de desencadear um processo de mudança?

Pode-se dizer que na maioria das vezes os coordenadores cobram demais, mas não ajudam como deveriam. Dessa forma o professor acaba se sentindo sufocado e não consegue atingir o seu potencial.

O coordenador, para coordenar, direcionando suas ações para a transformação, precisa estar consciente de que seu trabalho não se dá isoladamente, mas no coletivo, no sentido da construção de um projeto pedagógico transformador. Essa é a maneira de garantir que professor, coordenador, diretor, pais, comunidade e aluno apresentem suas necessidades, expectativas e estratégias para um processo de mudança.

Para Libaneo (2004), o coordenador pedagógico é aquele que responde pela viabilização, integração e articulação do trabalho pedagógico, estando diretamente relacionado com os professores, alunos e pais. Perante o corpo docente o coordenador tem como principal atribuição a assistência didática pedagógica, refletindo sobre as práticas de ensino, auxiliando e construindo novas situações de aprendizagem, capazes de auxiliar os alunos ao longo da sua formação.

Cabe ao coordenador, juntamente com o professor, estimular, ensinar e fazer, assim, as mudanças tão significativas para toda a comunidade escolar.

Segundo Orsolon (2003), algumas atitudes do coordenador são capazes de desencadear mudanças no cotidiano da escola:

• promover um trabalho de coordenação em conexão com a gestão escolar, discutindo que a integração é o caminho para a mudança, por isso o planejamento do trabalho pedagógico deve acontecer de forma participativa e democrática;

- realizar o trabalho pedagógico de forma coletiva, defendendo que a mudança só acontece se todos se unirem em torno de um objetivo único;
- mediar a competência docente, considerando os diferentes saberes, experiências, interesses e o modo de trabalhar dos professores, criando condições para intervenção e auxílio;
- desvelar a sincronicidade do professor e torná-lo reflexivo, criando condições que levem o professor a analisar criticamente os componentes políticos, inter-relacionais, sociais, culturais e técnicos de sua atuação;
- investir na formação continuada do professor, de forma reflexiva, problematizadora e investigativa, transformando-a sob a direção do Projeto Político Pedagógico da escola;
- incentivar práticas curriculares inovadoras, propondo aos professores a descoberta de novas práticas, que acompanham o processo de construção e vivência do ato de ensinar e aprender; estabelecer parceria com o aluno, incluindo-o no processo de discussão e planejamento do trabalho pedagógico. Criando oportunidades/espaços para que os estudantes participem com opiniões, sugestões e avaliações do processo educativo;
- criar oportunidades para que o professor compartilhe suas experiências, ao incentivar que o professor se posicione de forma integral e aprendiz em relação à dinâmica da escola;
- procurar atender às necessidades e desejos de todos que compõem a escola, o coordenador precisa estar sintonizado com os contextos social, cultural e educacional da escola, captando as necessidades e anseios da comunidade escolar;
- estabelecer parcerias, possibilitando a tomada de decisões, o comprometimento de todos nos rumos de transformação do contexto educacional;
- propiciar situações desafiadoras, novas propostas de trabalho ou as ações que provoquem a reflexão e o interesse pela mudança.

As ações acima encontram-se relacionadas e entrelaçadas ao apresentarem elementos comuns: o trabalho coletivo, a formação continuada do docente e a criação de um ambiente participativo e democrático. Tais elementos são constitutivos do trabalho da coordenação pedagógica e devem, por sua vez, estar contemplados no Projeto Político Pedagógico e nas demais instâncias colegiadas da escola.

COORDENADOR PEDAGÓGICO E O PROFESSOR INICIANTE

Autores que discutem o início da carreira, como Esteves (1995), Veenman (1984), analisam que estes profissionais ao chegarem à realidade escolar sofrem o que denominam de "choque de realidade", que representa as dificuldades na nova profissão. Esse choque, se não for bem gerido pelo professor com apoio de outros profissionais da educação mais experientes, pode provocar sérios danos à construção do perfil do docente que neste momento se inicia no trabalho escolar.

Os dilemas e dificuldades do professor iniciante são causados pela exigência de atuação na resolução de vários problemas, entre os quais, segundo Franco (2000), destacam-se: 1) problemas em conduzir o processo de ensino e de aprendizagem, considerando as etapas de desenvolvimento de seus alunos e o conteúdo a ser desenvolvido; 2) problemas com a disciplina dos alunos e com a organização da sala de aula. (p.34).

Nas escolas, geralmente, o professor novato fica à mercê da sorte, podendo ou não conseguir superar a fase das adaptações que está confrontando. Assim, sem ter com quem compartilhar suas dúvidas, seus acertos e seus erros, o professor acaba apoiando sua prática em ações que vivenciou na época de estudante, reproduzindo a prática de seus antigos professores, o que dificulta sua transformação na busca de uma atuação mais significativa e inovadora em suas atividades como docente.

Tomamos emprestadas as palavras de Fusari (1998), a ideia de que a formação contínua é infinita enquanto possibilidade de crescimento pessoal e profissional do educador e precisa estar centrada na reflexão crítica que deve ocorrer na experiência profissional, a partir dos saberes advindos dela.

O grande desafio para o coordenador atualmente é conhecer e administrar a si mesmo para depois liderar pessoas. Precisa conhecer as suas emoções, limitações, qualidades e defeitos para consequentemente conhecer as emoções de seus liderados, só assim concede apoio para que o mesmo possa trabalhar com essas emoções e alcançar seus objetivos.

REFERÊNCIAS BIBLIOGRÁFICAS

ALMEIDA, Laurinda R. O relacionamento interpessoal na coordenação pedagógica. São Paulo: Edições Loyola, 2003.

DE SOUZA PLACCO, Vera Maria Nigro. O coordenador pedagógico e o cotidiano da escola. Edições Loyola, 2004.

SOUZA, Dulcinéia Beirigo de. Os dilemas do professor iniciante: reflexões sobre os cursos de formação inicial. Revista multidisciplinar da UNIESP, n. 08, 2009.

FUSARI, José Cerchi. Formação contínua de educadores – um estudo de representações de coordenadores pedagógicos da Secretaria Municipal de Educação de São Paulo. São Paulo: FE-USP, 1998. Tese de doutorado.

LIBANEO, José C. Organização e gestão da escola: teoria e prática. 5ª ed. Revista e ampliada. Goiânia: Alternativa, 2004.

ORSOLON, Luzia A. M. O coordenador/formador como um dos agentes de transformação da/na escola. In: ALMEIDA, Laurinda R.; PLACCO, Vera M. N. S. (Orgs). O coordenador pedagógico e o espaço de mudança. São Paulo: Loyola, 2003.

Eunice Saibert Janoario

Educando sem sofrimento e sem culpa

8

(27) 99691-2511 / (27) 3721-1253
nicenicesj@hotmail.com

Eunice Saibert Janoario

Pedagoga, *coach* e mentora educacional com foco em Professional, Self & Life Coaching, Especialista em Inteligência Emocional, em Educação e Planejamento Educacional, com mais de 30 anos de experiência como professora em diferentes níveis e ciclos de ensino.
Apaixonada pelo desenvolvimento do potencial humano.

> Três sentimentos que a criança capta afetam significativamente sua compreensão de dignidade pessoal: o sentimento de que ela é única, o sentimento de que faz parte da família e o sentimento de que é amada. Esses três sentimentos se combinam para dar estabilidade e apoio à estrutura do conceito que a criança forma de si mesma. Se qualquer desses três aspectos é frágil, fragilizará no mesmo grau o conceito que a criança forma de si. (Pelt. 2006, p.19).

As crianças têm iniciado cada vez mais cedo a vida escolar, pois dependem da necessidade ou desejo da família. Quer aconteça nos primeiros meses de vida, quando a mãe precisa voltar ao trabalho e a criança precisa ir para uma creche, ou nos primeiros anos da infância, quando chega o momento de ingressar na escola ou mudar de escola por alguma situação, ou ainda aquelas que estão mudando de fase ou ano, trocando de sala ou de professora, bem, em todas essas situações a adaptação é necessária e importante.

A escolha da escola deve ser feita com calma para atender principalmente as necessidades das crianças. Certifique-se de que essa escola está harmonizada com os valores familiares.

> A escola deve ser o espaço que visa o desenvolvimento integral da criança cuidando para que ela desenvolva não somente seu potencial intelectual, mas também criativo e social para tornar-se um cidadão equilibrado e capaz, tanto do ponto de vista produtivo como de relacionamentos. (Eliel Unglaub. 2005, p.125).

Cabe aos pais preparar seus filhos para as novas experiências que futuramente irão vivenciar e que não sejam pegos totalmente de surpresa. Esclareça os motivos pelos quais seu filho irá frequentar a escola. Seja compreensivo. Use palavras amáveis e incentivadoras. Os pais podem se antecipar e contar para a criança o que ela irá encontrar na escola. Explique o que aprenderá durante o ano e, se for possível, promova um encontro com algum coleguinha antes mesmo de as aulas iniciarem.

O processo de adaptação à escola pode ser rápido ou pode demorar. Isso acontece de acordo com cada criança, mas é algo que vai ocorrer naturalmente.

Algumas crianças chegam à escola desconfiadas, agarradas à mão de quem as levou, que geralmente é a mãe, e não querem soltar a mão da acompanhante por nada, pois já perceberam que ficarão nesse local diferente sem a presença da família, com pessoas desconhecidas, e nada nem ninguém é interessante ou familiar. Tudo é muito estranho. Nesse momento acontece o choro.

O choro é algo natural, pois é a maneira de demonstrar desconforto por uma situação constrangedora de estar com pessoas desconhecidas em um ambiente novo. É muito comum as pessoas tentarem distrair a criança ao invés de se abrirem com ela. Distraí-la pode até funcionar, mas não é aconselhável e pode prejudicar o processo de adaptação. Qualquer relacionamento deve ser autêntico e verdadeiro. Dialogue, faça combinados. Lembre-se de que estamos formando caráter.

Na ausência da mãe ou do pai, é importante que aquela pessoa que está cuidando da criança reafirme a presença do outro com o reforço positivo. A criança não deixará de sentir a ausência, mas a dor terá a sensação de estar contemporizada. Frases como: "Seus pais ficarão orgulhosos de você" ou "mamãe está ausente mas tudo que você faz ela está interessada e ficará sabendo"... são simples e amenizam a saudade e parecem encurtar a distância porque trabalham o emocional.

O nervosismo e a ansiedade dos pais causam na criança insegurança.

Converse com o seu filho sobre a escola antes de fazer a matrícula. Faça uma visita, leve-o para conhecê-la para que ele já vá se familiarizando, criando vínculo com as pessoas que trabalham lá e com o espaço escolar. Conte sua história. Criança gosta de histórias, sempre falando o lado positivo. Ressaltar que na escola ela fará novos amigos, aprenderá coisas novas e elogiar que ela está crescendo.

> Com palavras inteligentes, os pais transformam cada momento num espetáculo solene. Com um amor maduro, os pais transformam cada minuto numa eternidade. Usando, portanto, suas palavras e seu amor, os pais podem mudar o mundo quando mudam o mundo dos seus filhos. (Cury. 2015, p.33).

Sentir medo é algo natural do ser humano. Nem sempre o medo sentido pela criança faz sentido ou tem ligação direta com a realidade. O medo faz parte do aprendizado. Desde bebezinho o ser humano demonstra ter medo e a partir do desenvolvimento e crescimento o medo cresce também. O medo ganha sentido pelo significado que as crianças criam e faz parte do processo de aprendizado.

Geralmente, o maior medo da criança é o de se separar da mãe. Se a mãe está fora a criança fica até bem, mas quando retorna a história muda, gruda nela e se apavora com a ideia de ficar só, sem a companhia da mãe.

Ao crescer os medos se intensificam e ficam mais específicos: do abandono, de perder as pessoas queridas, de se perder, do fracasso escolar, medo de errar, de ser esquecido, de rejeição.

Criança que sente medo de ir para a escola. O que fazer?

A ansiedade de separação faz parte do desenvolvimento infantil e acontece mais frequentemente quando os pais vão levar a criança à escola ou quando chega o momento de ir dormir.

A criança começa a chorar quando os pais ficam fora do alcance de sua vista. Neste momento a criança demonstra um medo enorme de perder aqueles a que está conectada emocionalmente e que fazem parte do seu círculo familiar.

Como resultado desta ansiedade de separação surge uma indisposição ou mesmo uma recusa em ir à escola ou para outro lugar qualquer.

É possível até surgirem na criança alguns problemas relacionados ao sono, como dificuldades para adormecer. Também podem ocorrer pesadelos decorrentes da separação. Durante essa fase pode ser que seu filho não queira comer direto, não se alimente como de costume e acorde à noite só para se certificar de que os pais estão ali por perto.

É comum aparecerem sintomas físicos quando ocorre a separação, como dores de cabeça, dor abdominal, náuseas e vômitos.

Se uma criança apresenta um medo exagerado de estar longe daqueles com quem tem mais vínculo ou mesmo da casa onde mora, podemos estar perante uma perturbação da ansiedade. É conveniente estar atento. Esse descontrole emocional atinge desde crianças pequenas até jovens.

Para algumas crianças, ir à escola é muito prazeroso, mas para outras representa medo ou pânico.

Para os pais essa segunda situação causa preocupação principalmente quando devido à tensão a criança adoece para não ir à escola. Existem crianças que simulam doenças e até exageram nos sintomas. Queixam-se de dores na barriga, no estômago, na perna, dores de garganta, de cabeça, tudo dói, isso porque está na hora de sair de casa para ir à escola. Há casos em que a criança se nega até a sair de casa. Esse estresse todo é porque não querem deixar a segurança da família e o aconchego do lar. Assim que é permitido ficar em casa, a 'enfermidade' desaparece para reaparecer no dia seguinte no mesmo horário do dia anterior, ou seja, antes de ir para a escola. É comum o negar-se ir à escola após uma breve enfermidade, um final de semana prolongado, após dias de festa, recesso ou depois das férias. Na maioria das vezes os pais ficam sem saber o que fazer. É recomendável eles observarem que, se for algo passageiro, basta insistir em levá--lo que será questão de tempo para tudo se resolver. Mas, caso a situação esteja demorando a ser resolvida, a solução é procurar ajuda de um profissional bem capacitado nessa área que com certeza tratará com êxito esse temor infantil.

"Os pais devem preparar a ida para a escola com observações como: você vai brincar, fazer coisas que não faz em casa, ter amiguinhos, pintar, ir ao parquinho. Depois conta tudo pra mamãe ou papai?" (Tiba 2002, p. 185).

> Pais inteligentes não devem superproteger seus filhos, criando-os em uma redoma. Pais que satisfazem todos os desejos dos filhos, que não suportam pressão nem birras, que cedem com facilidade formam filhos frágeis incapazes de lidar com as frustrações, crises e perdas que estão sofrendo e que sofrerão no futuro. (Cury. 2015, p. 73 e74).

Quando a dor da separação afeta as mães

O processo de adaptação na escola não atinge somente a criança que irá ingressar na vida escolar. Mexe com a rotina das pessoas envolvidas. É um período de múltiplas integrações: criança-família, criança-escola, família-escola. Todos de alguma maneira são afetados.

O início do ano letivo traz mudanças para as crianças e para as famílias que já convivem com o ambiente escolar. E para aquelas crianças que estão indo pela primeira vez à escola a mudança é ainda maior. Pais e filhos estão deixando seu ambiente conhecido e familiar para desbravar outro ambiente, novo, desconhecido e cheio de novidades que proporcionará novas possibilidades de conhecimento, relacionamentos, aprendizagem. Esses novos integrantes trazem consigo curiosidade, ansiedade, incerteza, medo que somente o tempo poderá aplacar.

Ao chegar à escola há crianças que logo se familiarizam, ficam muito bem, são receptivas a tudo que lhes é oferecido. Mas tem alguns pequenos que ficam observando todos desconfiados, receosos de experimentar o que lhes é oferecido. Há aquelas crianças que emudecem, empacam, choram, gritam, esperneiam, emburram e depois sem a companhia do adulto que as trouxe preferem ficar distantes das demais crianças, ainda que seja por um período de tempo. Outras crianças chegam grudadinhas na mão da mãe, parece até que estão coladas e não admitem soltar da mão em hipótese nenhuma. Um dos casos mais extremos é aquela que adoece devido ao estresse emocional. Mas não se preocupe, todas essas situações com o tempo e com muito carinho e paciência serão solucionadas.

Na escola também acontecem mudanças. As mudanças de ciclo, de turma, de professores e até mesmo do período de férias para o período de aulas também envolvem uma adaptação ou, ao menos, uma readaptação à rotina, espaço e pessoas. A escola se prepara para receber os alunos, suas famílias e a comunidade escolar de um modo geral.

A experiência da família, principalmente a reação que algumas mães costumam ter, é bem complicada com a iniciação da criança na escola. Há mães que sofrem e até se condenam por deixar a criança na escola porque precisam voltar a trabalhar. Algumas mães sentem um grande vazio, ficam meio que perdidas e não sabem o que fazer para preencher o tempo em que a criança está na escola. Outras se tranquilizam e gostam de saber que a criança está na escola e aproveitam esse tempo para cuidar um pouco de si ou desenvolver outras tarefas. Existe aquela mãe que sofre porque acha que tudo vai acontecer com o filho só porque ela não está junto dele nem sob o seu olhar. Outra quase morre de medo e sofre de pensar que na escola não vão olhar o seu filho direito, que não vão dar conta dele. Há ainda aquelas que na hora da despedida choram mais do que a criança.

Procure manter a cabeça ocupada no período em que seu filho estará na escola e você ficará sem ele, ou mesmo estará sozinha. Se estiver muito difícil para você administrar sua tristeza, procure conversar com outros pais que também já passaram por essa situação. Trocar experiência pode trazer conforto. E você descobrirá que não é a única a passar por essa experiência e que sobreviverá. É uma fase, vai passar.

Ligar para a escola para saber como o seu filho está é outra opção que pode ajudar você a se acalmar e vai criando confiança e vínculo com os funcionários da escola.

A transição do ambiente familiar para o ambiente escolar deve acontecer da melhor maneira possível para evitar traumas.

É oportuno estabelecer uma relação de confiança entre a família e a escola, sendo muito importante que a escola passe credibilidade para os pais e que eles sintam firmeza na escolha da escola, que deve ir ao encontro do que eles esperam do ponto de vista pedagógico, financeiro e ético.

> Embora a seleção tenha sido criteriosa, há alguns pais ou mães que dificultam a adaptação do filho à vida escolar, pois ficam mais angustiados que ele. É natural a criança manifestar dificuldade de separar-se da mãe - quanto menor for a criança, maior a dificuldade. A tranquilidade e a segurança dos pais favorecem a separação transitória. Portanto, eles devem estar tranquilos de que a decisão tomada foi correta. (Tiba. 2002, p. 185).

Além da criança, que precisará passar por adaptação, os pais também precisarão passar por essa transição. Será uma fase de integração com os novos pais e professores. Logo no início é muito importante estabelecer esse vínculo, pois facilitará para passar esse período com mais tranquilidade.

As escolas costumam fazer reunião de pais principalmente no início das aulas para explicarem sobre as normas da escola, o período de adaptação, horários, o que a criança pode ou não levar consigo, a participação e o tempo de permanência dos pais na escola. Quando a família cumpre com o combinado todos saem ganhando, principalmente a criança, porque ela passa a entender o funcionamento do ambiente escolar e se sente parte do mesmo. Participar dos eventos sociais organizados pela escola é uma boa maneira de estabelecer relações sociais.

Depois de tanto tempo, que podem ser meses ou anos de dedicação exclusiva cuidando do bem-estar da sua criança, algumas mães sofrem ao se distanciar deles mesmo que temporariamente. Muitas mães sofrem mais que seus filhos e até ousam pensar que nem ela nem o filho sobreviverão a essa separação, acreditam que seu olhar o protege e que sem o mesmo não é possível ele sobreviver. Mãe e filho não se desgrudam. Estão sempre juntos e às vezes rola até um colinho. Crianças tratadas dessa maneira ficam muito dependentes, pouco sociáveis. Há malefícios também para as mães, existem restrições em alguns programas que não incluem crianças em suas atividades.

"Há mães que não chegam a chorar, mas seus olhos imploram 'fique comigo', embora as palavras incentivem a ir com a professora. É a famosa dupla mensagem." (Tiba. 2002, p.185).

Ao se relacionar com outras crianças, se veem, trocam olhares, sorriem, se identificam e formam sua autoimagem. A convivência só com adultos não oferece referências sobre elas mesmas. Portanto, a escola propicia esses momentos de interação com outras crianças.

Quando o choro surgir, a melhor coisa a fazer é reforçar que a escola é importante, que você sabe que ela está sofrendo, mas com certeza ela irá superar. É muito difícil para a criança e para você também, mas nesse momento é preciso firmeza. Momentos de separação nunca são fáceis e não se pode esquecer de que é imprescindível que a criança receba de você muita atenção e paciência.

Há crianças que choram copiosamente na frente da mãe, arrumam vários empecilhos para não entrar na escola e até mesmo na sala de aula, mas ao entrarem param de chorar, mudam completamente de atitude, ficam calmas, felizes ao reencontrar os coleguinhas.

Ao ver seu filho chorando e chorar com ele você está demonstrando que algo ruim e doloroso está acontecendo, que aquele local não é adequado para ele ficar e acaba passando insegurança. Essa fase do choro também faz parte do crescimento e amadurecimento da criança. Crescer dói.

Muitas mães ao verem a criança chorar se aproveitam da situação, desistem do compromisso do dia com a escola para poderem levá-la de volta para casa. É habitual que as crianças chorem no começo. Muitas crianças manipulam os pais através do choro, mas é questão de tempo, logo passa.

Outra situação inusitada acontece quando a mãe toda temerosa chega à escola trazendo seu pequeno, e ele se despede no portão, entra tranquilo, sorrindo, sem lágrimas. É nesse momento que o sentimento de ciúme costuma acontecer. Aprenda a superar o aperto no coração. Veja com outros olhos, ele está agindo assim porque quer estar ali e gosta do ambiente onde está. Mas isso não quer dizer que não sinta sua falta e que não esteja sentindo a separação. Lembre-se de que seu filho tem hora para chegar e sair da escola e voltará para você.

Ao se sentir angustiada por não poder ficar mais com o filho o tempo todo cria-se um desconforto desnecessário que afeta ambas as partes. Não subestime seu filho. Ele é esperto o suficiente para captar com rapidez o seu sofrimento e sua insegurança que gerarão nele sentimento de medo e até mesmo de abandono.

Diante de algum pedido qualquer da criança, faça uma conexão entre ela e o professor, isso será exemplo para que na ausência dos pais a criança faça o mesmo.

Muitas mães e pais sentem-se mal em não cumprir a vontade dos filhos, mas o "não" também faz parte do aprendizado. Nem tudo é permitido.

Ao se despedir da criança, diga-lhe para onde vai, se é para o trabalho ou para casa e aonde irão se reencontrar na saída da escola. Se o encontro será somente em casa reafirme quem irá buscá-la.

Ao sair, deixe claro para a criança que ela vai ficar bem, que tudo está certo, que ela está em um lugar seguro, que não irá acontecer nada, que nada vai dar errado ou ser ruim. Que eles vão se reencontrar novamente. Essas palavras devem ser ditas de forma segura e clara. A despedida não deve ser demorada. É recomendável que os pais não voltem atrás se ouvirem o choro da criança. Ao voltar estarão nutrindo a ansiedade e o medo.

As crianças de colo deverão ser entregues ao cuidador ou ao professor, sem que o responsável que irá ficar com ela faça o movimento de tirá-la do colo em que está. Essa atitude evitará que a criança tenha a sensação de que está sendo tirada da pessoa que a trouxe, quer seja o pai ou a mãe.

Diante de desafios é natural a criança pedir colo. Se os pais atenderem a solicitação da criança eles demonstrarão que o colo funciona como um porto seguro, e ela se acomodará e deixará de ultrapassar os obstáculos. Quando a criança já sabe andar, ela deve chegar à escola caminhando e não no colo. Incentive-a a levar a própria mochila. O colo nesse caso dado à criança pode gerar uma forma de ela demonstrar e cultivar insegurança. Negar o colo ajudará no desenvolvimento da criança. É importante que os pais deixem sob os seus olhares a criança ultrapassar esse desafio. Negar o colo ajuda no desenvolvimento e na independência.

Mas se parte da mãe a atitude de não conseguir se controlar na hora da despedida, melhor pedir para outra pessoa levar seu filho para a escola durante alguns dias. Passado algum tempo, você estará mais controlada e tranquila para assumir a função de levar seu filho até a escola numa boa.

Essa fase, como qualquer outra, é questão de adaptação e tempo, é como qualquer outro ensinamento. O ideal é que sempre a criança tenha o acompanhamento da família e que seja incentivada a caminhar sozinha.

É importante não superproteger o filho, pois esta atitude o impede de viver, de se relacionar e o atrapalha no sentido de evoluir normalmente, como qualquer outra criança. Procure viver o momento presente, de ser mãe atenta, dedicada, sem cometer excessos de cuidado para que seu filho possa se desenvolver em harmonia, com maturidade, se relacionando bem com as pessoas a sua volta e com o mundo.

Cuidando da autoestima para ser uma mãe melhor

Existem mulheres que após o nascimento do filho vivem tão intensamente essa fase da vida que fazem da maternidade a única razão do seu viver e acabam perturbadas, estressadas, deprimidas e por hipótese nenhuma concebem a possibilidade de afastarem-se de seu filho. Há um apego exagerado, uma obsessão. Essa situação é prejudicial tanto para a mãe quanto para o filho. É inevitável que em algum momento na vida de ambos a separação, mesmo que seja por algum tempo determinado, acontecerá. Mulheres que agem desta forma pensam que ninguém mais além delas é capaz de cuidar da sua criança. Tornam-se dependentes da maternidade.

Araújo (2005) afirma que defender e cuidar demais dos filhos pode desprepará-los para o mundo e torná-los demasiadamente dependentes.

Esse apego exagerado ao filho traz consequências que poderão acompanhar a criança até a sua vida adulta, tornando-a insegura, dependente, prejudicando seu desenvolvimento emocional e os seus relacionamentos. Ao ser superprotegida a criança custa a alcançar independência, ela adia esse momento o maior tempo possível.

É muito tensa a vida das mães que são exageradamente apegadas aos filhos. Por não conseguirem administrar esse apego, a entrada do filho na escola é pautada por um grande sofrimento, mesmo sabendo que a ausência do filho é momentânea. Elas se sentem privadas da companhia do filho e não conseguem se sentir bem quando ele não está por perto. Passam a conviver diariamente com um medo que até então era desconhecido ou no qual nunca antes haviam pensado. Araújo (2005) define que o processo de educação deve ser visto como uma via de mão dupla, em que os pais devem cumprir seu papel de educadores, mas também precisam estar abertos para aprender com eles.

REFERÊNCIAS BIBLIOGRÁFICAS

ARAUJO, Ceres Alves de. Pais que Educam: Uma Aventura Inesquecível. 1ª Edição. São Paulo: Editora Gente, 2005.

BELOTTI, Elena Gianini. Educar Para a Submissão: O descobrimento da Mulher. 3ª Edição. Petrópolis: Vozes, 1981.

CHALITA, Gabriel. Pedagogia do Amor: a contribuição das histórias universais para a formação de valores das novas gerações. São Paulo: Editora Gente, 2003.

_____. Mulheres que Mudaram o Mundo. 1ª Edição. São Paulo: Companhia Editora Nacional, 2005.

CURY, Augusto. Ansiedade. Como enfrentar o Mal do Século. A Síndrome do Pensamento Acelerado. São Paulo: Editora Saraiva, 2013.

_____. Pais Inteligentes Formam Sucessores não Herdeiros. 1ª Edição. São Paulo: Editora Saraiva, 2015.

GOLEMAN, Daniel. Inteligência Emocional: A Teoria Revolucionária que Redefine o que é Ser Inteligente. Rio de Janeiro: Editora Objetiva, 1995.

PELT, Nancy Van. Como Formar Filhos Vencedores. Desenvolvendo o caráter e a personalidade. Tradução: Sueli N. F. Oliveira. Tatuí, SP: Casa Publicadora Brasileira, 2006.

TIBA, Içami. Quem Ama Educa. São Paulo: Editora Gente, 2002.

UNGLAUB, Eliel. A Prática da Pedagogia Adventista em Sala de Aula: Tornando a teoria uma realidade eficaz no ambiente escolar. Engenheiro Coelho, SP: Editora Paradigma, 2005.

WHITE, Ellen. Orientação da Criança. Santo André: Casa Publicadora Brasileira, 1962.

_____. Educação. Santo André: Casa Publicadora Brasileira, 1968.

_____. Conselhos aos Professores, pais e Estudantes: princípios e métodos da prática educacional. Tatuí: Casa Publicadora Brasileira, 2008.

Gustavo Serravite

Educação para o desempenho de equipes de alta performance

9

(31) 97121-3405
gustavoserravite@gmail.com

Gustavo Serravite

Graduado em Comunicação Social - Relações Públicas PUC-MG, MBA em Gestão de Mídias Sociais e Comunicação Digital, Professional and Self Coaching pelo IBC - Instituto Brasileiro de Coaching, BCI - Behavioral Coaching Institute, IAC – International Association of Coaching, ECA – European Coaching Association, GCC – Global Coaching Community. *Leader coach; practitioner* em Programação Neurolinguística; *master coach; trainer* em PNL pelo Instituto de Neurolinguística Empresarial; analista comportamental Coaching Assessment e Feedback 360º. Especialista em Coaching Educacional e Psicologia Positiva. Realiza treinamentos, palestras e atendimento como *coach*, especialmente em instituições de ensino e para jovens. Professor da Faculdade Pitágoras: MBA Liderança e Coaching.

Você já parou para pensar sobre quais são os seus valores? Saberia dizer os valores mais importantes da sua vida? Podemos considerar "valores" como um conjunto de características de uma pessoa ou organização, que determinam a forma como se comportam e interagem com outros indivíduos e com o meio ambiente. A terminologia "valor" pode representar inúmeros significados, entre eles: importância, reconhecimento e relevância.

Muitas vezes, diante dos afazeres do dia a dia e ansiosos pela concretização dos nossos objetivos, esquecemo-nos de olhar para dentro de nós mesmos para questionarmos: "O caminho que estou trilhando condiz com os meus valores?"

E diante dos inúmeros caminhos que a vida nos oferece somos convidados, a todo instante, a realizar escolhas. Seja na vida pessoal, profissional, educacional ou amorosa, as escolhas determinam por onde trilharemos a caminhada da vida. E não há fase da vida em que esse cenário se mostra mais presente do que na juventude. Neste período, o verbo "escolher" tende a ser mais recorrente, afinal, o jovem, essencialmente, é um ser em construção, em evolução, em busca de conhecer e entender suas convicções e como elas podem impactar no seu próprio futuro.

Indagações como "quem sou eu/qual a minha função na sociedade", "o que fazer", "o que seguir", "como fazer", "em quem se apoiar" reforçam a necessidade de que tenhamos mais atenção nessa etapa da formação humana. Por isso, o Coaching Educacional traz a percepção do jovem juntamente com a metodologia Coaching, capaz de gerar o desenvolvimento de competências comportamentais, psicológicas e emocionais do ser humano, direcionado ao alcance de objetivos em um curto espaço de tempo. Trata-se de uma aplicação do Coaching destinada à realidade dos jovens, que inseridos no século XXI, na Era Digital, clamam por agilidade na resolução de suas questões, visto que o contexto em que estão inseridos preza pelo imediatismo. Dessa forma, os jovens se sentem ansiosos e frustrados quando os caminhos escolhidos não são compatíveis com a expectativa e a rapidez idealizadas. Eles querem promover, realizar, fazer o mais rápido possível.

Seguindo nessa direção, o Coaching está diretamente relacionado com movimento, ação, mudança, transformação. No entanto, a metodologia não dispõe de uma receita mágica para a conquista dos objetivos. É necessário que as pessoas desenvolvam previamente o autoconhecimento, embora muitos acreditem que as sessões de Coaching se limitem à realização de um planejamento com o passo a passo para se conquistar um estado desejado. Sim, o Coaching detém ferramentas para o desenho de um plano de ação organizado e eficaz, porém, a maioria das pessoas já conhece os caminhos para alcançar seus objetivos e ainda assim continua procrastinando ou desistindo antes de conquistá-los.

Você tem algum objetivo que ainda não alcançou? Tem metas inacabadas ou deixadas de lado? Uma dieta que não foi seguida, um armário que necessita ser arrumado, um curso de idiomas que precisa ser iniciado, a leitura de um livro que ainda não foi concluída etc. Provavelmente você se identificou com alguma dessas situações em que faltaram motivação e disciplina para que o plano se tornasse realidade. Isso acontece a todo instante e em todos os âmbitos da vida. Trata-se de uma realidade do mundo contemporâneo, onde a enxurrada de informações e estímulos provenientes do avanço tecnológico e da globalização desperta nossos interesses para uma infinidade de possibilidades e oportunidades, sem que tenhamos ponderação para estipularmos prioridades, elencarmos metas, estratégias e ações para alcançarmos cada uma de nossas idealizações. Em geral, buscamos alcançar a linha de chegada sem ao menos iniciarmos a caminhada. Além disso, o consumismo é outro fator que nos afasta da sensação de dever comprido, pois aguça-nos a experimentarmos a inovação, o mais moderno, tornando a sociedade cada dia mais competitiva, egoísta e frustrada, numa eterna sensação de que os objetivos são inalcançáveis. Em suma, estamos vivendo em um mundo onde as pessoas valorizam mais o "ter", desconsiderando o "ser", pois aquilo que se "tem" é relevante, enquanto aquilo que se "é" não possui valor.

Nessa perspectiva, podemos dizer que o jovem é o que mais lida com as frustrações, uma vez que projeta grandes sonhos e deposita muitas expectativas em realizações imediatas, além de cultuar a hipervalorização material na tentativa de se enquadrar nos padrões impostos pelos diferentes grupos sociais.

OS JOVENS QUEREM SE SENTIR DONOS DE SI MESMOS

Nessa atmosfera em que está inserida, a juventude é vista como a fase das dúvidas, dos medos, dos receios, das inseguranças, mas também deve ser encarada como a fase do conhecimento, das descobertas, do desenvolvimento e do aprendizado. É o período da vida em que acontecem as grandes transformações, capazes de impactar toda a trajetória futura. Neste cenário, os jovens passam a se sentirem donos de suas próprias ações, tornam-se mais independentes e autônomos, valorizando mais a vivência dos seus interesses próprios. Tal comportamento é uma necessidade humana, um processo de transição entre a adolescência e a fase adulta. Em consequência, as divergências com os pais, parentes e educadores tendem a se intensificar, pois a juventude instala nos indivíduos uma sensação de poder e de autossuficiência.

O JOVEM E O AMBIENTE EDUCACIONAL

Ainda que os jovens se sintam donos de suas próprias ações, o modelo de ensino que conhecemos no Brasil é, em geral, verticalizado, sendo o educador a figura detentora do conhecimento e responsável por transmiti-lo da forma como ele acredita ser a mais eficiente. Nesse formato, os jovens são acostumados a responderem perguntas em que as respostas já têm um padrão preexistente. Além disso, as escolas e universidades, tal como a maioria das demais instituições de ensino, estão engajadas prioritariamente no processo de preparação acadêmica e profissional dos jovens e estudantes. As temáticas que fogem à grade curricular obrigatória acabam sendo preteridas, ficando a formação humana do jovem colocada em segundo plano.

O COACHING EDUCACIONAL NO AMBIENTE DA EDUCAÇÃO

Diante deste ambiente, o Coaching Educacional enfrenta alguns desafios, visto que oferece aos jovens assuntos que não costumam fazer parte do ambiente educacional convencional. A busca por desenvolver o autoconhecimento, por conhecer seus próprios valores humanos e por refletir o papel de cada um como indivíduo atuante na sociedade instiga os jovens a buscarem respostas que jamais fizeram parte das avaliações ou simulados escolares. Afinal, são respostas que não podem ser encontradas nos livros acadêmicos e necessitam de uma autorreflexão consistente para que as respostas possam ajudar o jovem a realizar suas escolhas de uma forma mais assertiva e eficaz. Num processo de Coaching, a resposta é individual, particular e inexiste a ideia de certo ou errado. Afinal, a resposta no Coaching Educacional é a resposta que o jovem quer dar aos seus anseios e sonhos.

"O QUE VOCÊ VAI SER QUANDO VOCÊ CRESCER?"

"O que você vai ser quando você crescer?" é uma das perguntas que mais ouvimos desde a infância. Mas a famosa indagação se faz presente com mais intensidade no Ensino Médio, momento em que os estudantes precisam fazer a opção de qual curso querem escolher na universidade. Nesta etapa, a resposta do jovem a essa interrogação deve satisfazer seus sonhos, expectativas e anseios, além de enfrentar possíveis discordâncias, descrenças e todo tipo de opinião contrária. Quantos jovens deixam de viver seus sonhos e suas vocações para viverem as expectativas dos pais? Quantos jovens escolhem seus cursos na faculdade motivados exclusivamente pela ilusão de que determinada área "dá mais dinheiro"? Tenho visto de perto o quanto os jovens se preocupam e até mesmo se desgastam com esse processo de decisão, por isso, essa discussão deve ser conduzida com ponderações. Afinal, cada pessoa possui uma história e cada história tem suas vivências, decepções, vitórias, fracassos e conquistas. Quando optamos por direcionar uma pessoa para seguir determinado caminho, obviamente temos nossas convicções de que este é o mais indicado, por inúmeras razões. Entretanto, esta intervenção deve ser feita de uma maneira amigável, priorizando um diálogo franco, horizontalizado e sem imposições. É importante que os pais e educadores saibam que argumentar, apresentar dados e compartilhar experiências com os mais jovens é válido, mas o mais importante nesse processo é saber ouvir. "Meus pais não me ouvem, eles querem que eu faça o curso que eles decidiram": essa é uma das principais reclamações que tenho ouvido dos jovens quando o assunto é a interferência dos pais na escolha profissional. Nessa relação, é fundamental que os pais e educadores ouçam com atenção o jovem, afinal, as gerações "Y" e "Z" têm acesso a cursos e conhecimentos que em gerações passadas eram inexistentes ou desconhecidos, o que automaticamente gera esse impasse. Se o objetivo é decidir por uma profissão que vai trazer felicidade e realizações para o jovem, nada mais justo do que entender as motivações que o levam a querer escolher o curso "a" e não o curso "b".

MOTIVAÇÃO = MOTIVO + AÇÃO

Independente do curso e da universidade escolhidos, ou em qualquer outro processo de escolha, devemos compreender que o ser humano age de acordo com suas motivações. E a palavra "Motivação" é composta por outras duas palavras: "Motivo" e "Ação". Portanto, quando falamos que temos MOTIVAÇÃO para fazer alguma atividade, quer dizer que conseguimos atribuir MOTIVOS para realizar aquela AÇÃO. Sendo assim, o Coaching Educacional atua na perspectiva de auxiliar os jovens na descoberta de suas motivações, tornando claro que o indivíduo que vivencia seus reais valores consequentemente encontra motivação para a realização de suas atividades.

COACHING EDUCACIONAL APLICADO

O Coaching Educacional deve utilizar uma abordagem adaptada à realidade jovial, prezando por um processo mais interativo, lúdico e dinâmico, sendo capaz de atuar como um importante potencializador na formação humana e na projeção profissional dos jovens. Nesse contexto, a elucidação dos valores humanos é essencial para responder as questões angustiantes que acompanham o dia a dia da juventude.

Neste livro, vou compartilhar com vocês duas ferramentas/atividades que utilizo nos processos de Coaching Educacional direcionadas principalmente para dois temas de grande relevância na vida dos jovens: a escolha profissional e a gestão do tempo.

Primeiramente, valendo-se da percepção de que os valores que cultivamos são responsáveis por guiarem as nossas ações, a atividade "Eu valorizo..." é fundamental para despertar no jovem a importância de conhecer os seus próprios valores.

Como preencher a ferramenta "Eu valorizo..."?

A ferramenta propõe que o respondente circule os cinco valores que, na visão dele, são os mais relevantes.

Após o preenchimento, é importante que o jovem explique as suas escolhas e conte como tem praticado os valores escolhidos em seu cotidiano, apontando também os momentos em que poderia utilizá-los com mais intensidade. Relacionar os valores escolhidos pelo jovem e os caminhos que ele pretende seguir profissionalmente, por exemplo, torna a reflexão ainda mais eficaz, afinal, quanto mais aplicável é a ferramenta, melhores são os resultados obtidos.

Já quando o assunto é a gestão do tempo, uma das ferramentas que utilizo é a "Roda do tempo", que se mostra eficiente na reflexão sobre a valorização do tempo. O *coach* precisa apenas de um papel, dois círculos divididos cada um em 24 "fatias" (representando as 24 horas do dia), e uma caneta para o preenchimento das rodas. Disponibilizar um estojo com cores de canetas variadas é interessante, pois a personalização da roda se torna visualmente mais atrativa e didaticamente mais fácil para diferenciar as atividades anotadas.

Como preencher a "Roda do tempo"?

Na 1ª roda, o jovem deve escrever dentro de cada uma das 24 "fatias" as atividades que de fato realiza. Obviamente, as atividades variam de acordo com os diferentes dias da semana, dessa forma, fica a critério do jovem escolher um dia que melhor represente a utilização do seu tempo. Se preferir, o *coach* pode fazer essa atividade para todos os dias da semana, tornando-a ainda mais aplicável à rotina real. Uma dica: oriente o respondente para que inicie preenchendo as "fatias" referentes ao tempo de sono habitual, pois os espaços restantes representarão o tempo ativo disponível para executar as tarefas.

Após o preenchimento da 1ª roda, o jovem deve refletir sobre o aproveitamento do seu tempo e se os valores que considera mais relevantes estão sendo vivenciados.

Na 2ª roda, deve-se preencher a roda ideal, ou seja, a rotina de atividades que o jovem gostaria de desempenhar e que por algum motivo não tem sido vivenciada. Neste momento, as atividades que estão sendo desconsideradas ou postergadas têm a oportunidade de figurar na "Roda do tempo" desejável. Esse exercício propicia uma melhor valorização do tempo, promovendo mudanças na rotina que são fundamentais para o cumprimento das metas e a conquista dos objetivos.

Para finalizar as dicas direcionadas à aplicação do Coaching Educacional no auxílio à escolha profissional e na gestão do tempo, sugiro que o profissional explore as perguntas abertas, pois elas exigem que o jovem converse consigo mesmo: "O que quero conquistar com minha profissão? A melhor profissão é aquela que...? Liderar ou ser liderado? Dinheiro pra mim é...? Poder é...? Aproveitar o tempo é...? Um dia de felicidade é...?" são alguns questionamentos básicos que podem gerar um debate interno bastante esclarecedor para o respondente.

Por fim, acredito que o Coaching Educacional pode ser um importante potencializador no processo de formação dos jovens, tornando-os mais capacitados e confiantes em suas habilidades e responsabilidades. Sendo assim, devemos aplicar as técnicas e ferramentas do Coaching sempre com o intuito de desenvolver as potencialidades de cada indivíduo, motivando-os no alcance de suas metas e objetivos.

Isabel Christina da Silva O. Marreiro 10

Competências para os gestores educacionais do século XXI

(27) 99985-7409
bebelmarreiro@yahoo.com.br
isabelmarreiro.com.br

Isabel Christina da Silva Oliveira Marreiro

Economista, advogada, professora universitária. *Professional* e *self coaching* – PSC; certificado internacional em Coaching pelo Instituto Brasileiro de Coaching – IBC; analista comportamental e *leader coaching* pelo mesmo instituto.

Consultora de carreira – Carrer Direct e Analista Personality ID; consultora para formação de equipes de alta *performance*. Palestrante.

Apaixonada pela inteligência humana, tem como missão de vida desenvolver pessoas e ajudá-las a descobrirem seu propósito despertando ao máximo seu potencial.

ESTADO ATUAL – COMPETÊNCIAS DOS GESTORES EDUCACIONAIS - ESTADO DESEJADO

Ese eu perguntasse a VOCÊ qual é a sua visão ou sentimento em relação à situação atual da Educação no Brasil? Como me responderia? Imagino que a resposta seria diretamente influenciada pelo seu posicionamento no sistema educacional, acompanhados de suas perspectivas e experiências vivenciadas em seu próprio processo e, por que não dizer, permeada pela opinião da grande massa. Não sei.

Quando nos propusemos a dar nossa contribuição sobre o que entendemos ser importante para alavancar a Educação em nosso país, logo surgiram algumas perguntas, no entanto, a mais inquietante e enfática dúvida é a que irá permear todo o texto, em busca de uma resposta que, de antemão aviso, não está pronta. Precisa ser construída. A partir deste momento convido você a entrar neste processo para descobrirmos o melhor que podemos doar para esta geração. Compartilhando nossos saberes e vivências, concentremos nossas forças em torno da questão central: você, gestor educacional, quais as competências que precisa desenvolver para enfrentar os desafios do século XXI?

O que precisamos para estabelecermos as competências, ao longo do texto, com assertividade? Minha sugestão é que façamos um diagnóstico da situação atual da Educação no Brasil e ousemos decidir quais os resultados que queremos alcançar. Para isso precisamos responder às seguintes perguntas: como está a Educação hoje? Qual Educação queremos ter?

A partir da fixação dessas premissas, ponto A (diagnóstico, estado atual) e ponto B (resultado desejado), precisamos construir o caminho de ligação entre os dois pontos. Esse caminho denominaremos de processo. Para podermos obter êxito no desenvolvimento e execução do processo, existem competências (habilidades) que precisamos desenvolver. É sobre essas competências (habilidades) que iremos discorrer. Preparado?

CLAREZA

"A clareza de sua visão compensará a incerteza do planejamento." Andy Stanley

Um gestor educacional jamais será evidenciado em situações de certeza. Suas ações são destacadas quando há indefinições e incertezas. A incerteza exige clareza. E como lidar com as incertezas? Para liderar com as incertezas é necessário fazer um excelente diagnóstico. As decisões que você precisa tomar formem sempre um colegiado multidisciplinar. Sua experiência também o ajudará a reduzir o nível de incertezas. Avalie as decisões que já tomou e com que nível de segurança você decidiu. O seu sucesso não deve ser medido pelo número de vezes que você agiu, mas pelo número de problemas que conseguiu solucionar. Quanto mais praticar, mais clareza vai encontrar.

Para nos auxiliar na tarefa árdua de fazer um diagnóstico preciso da situação atual da Educação no Brasil, importei para este trabalho dados de relatórios e pesquisas realizadas pela Organização para Cooperação e o Desenvolvimento Econômico (OCDE), principalmente dois destes relatórios: "Alunos de baixo desempenho: por que ficam para trás e como ajudá-los?" E o relatório PISA 2012 - Programme for International Student Assessment:

> "Programa Internacional de Avaliação de Estudantes - é uma iniciativa de avaliação comparada, aplicada a estudantes na faixa dos 15 anos, idade em que se pressupõe o término da escolaridade básica obrigatória na maioria dos países. O programa é desenvolvido e coordenado pela Organização para Cooperação e Desenvolvimento Econômico (OCDE). Em cada país participante há uma coordenação nacional. No Brasil, o Pisa é coordenado pelo Instituto Nacional de Estudos e Pesquisas Educacionais Anísio Teixeira (Inep). (http://portal.inep.gov.br/pisa-programa-internacional-de-avaliacao-de-alunos)

A escolha desses relatórios foi influenciada pelo número de vezes que foram publicados e pelo interesse manifesto por diversos canais de comunicação. Vejamos:

O jornal Estadão publicou em 10/02/2016 uma matéria intitulada: "Brasil é o segundo país com pior nível de aprendizado, aponta estudo da OCDE. Relata a matéria que <u>o Brasil tem o segundo maior número de estudantes com baixa performance em matemática básica, ciências e leitura em uma lista de 64 países</u> (grifo nosso). Esse resultado está relacionado ao relatório da Organização para Cooperação e o Desenvolvimento Econômico (OCDE) intitulado "Alunos de baixo desempenho: por que ficam para trás e como ajudá-los?"

Segundo o Estadão, o relatório se baseia em dados de 2012 do Programa Internacional de Avaliação de Alunos (PISA), da própria Organização. Dos 64 países avaliados, o Brasil ficou atrás apenas da Indonésia. Em termos percentuais o País é o décimo pior avaliado, atrás de Catar, Peru, Albânia, Argentina, Jordânia, Indonésia, Colômbia, Uruguai e Tunísia.

Outra evidência trazida pelo estudo é de que o Brasil está no "TOP 10" de países mais desiguais do mundo (grifo nosso), no que diz respeito à diferença de desempenho entre estudantes de classes sociais altas e baixas.

Para romper o ciclo de baixo nível educacional, a OCDE recomenda que os governos nacionais identifiquem os estudantes com baixa *performance* e lhes ofereçam estratégias para recuperação de nível. Entre as propostas da entidade, a maior parte tem caráter estrutural: "..reduzir a desigualdade no acesso à educação, estimular a inscrição escolar o mais cedo possível, envolver os pais na comunidade escolar e fornecer programas de auxílio financeiro às instituições de ensino e famílias carentes".

O Boletim de Fev./2016 divulgado pela Unidade de Estudos e Pesquisas (Uniepro) em parceria com o Sistema de Indústria traz como tema central a divulgação dos resultados do relatório da OCDE, o mesmo citado acima, desta vez com olhar voltado para estatísticas referentes ao desempenho dos jovens brasileiros em matemática, ciências e leitura. O boletim informa que quase 70% dos alunos brasileiros de 15 anos de idade estão nos níveis mais baixos de desempenho em matemática. Em leitura e ciências esse número gira em torno de 50%. Mesmo entre estudantes cujas famílias estão entre as 25% com melhor nível socioeconômico do País, informa o boletim, há 45% de jovens com baixo desempenho. http://tracegp.sesi.org.br/bitstream/uniepro/192/1/Boletim_PISA%202012_Low%20performance_25_02_2016.pdf)

O Boletim da Uniepro vai além. Além de trazer a informação sobre o diagnóstico atual dos alunos referente ao baixo desempenho, buscou fontes no relatório OCDE que poderiam apontar uma provável saída. O caminho foi identificar o que os países asiáticos (Cingapura, Japão e China), os quais estão no topo do *ranking* do relatório PISA, estão fazendo para que seus alunos alcancem alto desempenho, uma vez que aqueles que apresentam baixo desempenho se encontram entre 4% e 13% do total de alunos.

Foram apresentados cinco itens indicados como boas práticas educacionais as quais podem ser seguidas pelo Brasil, com as devidas adaptações a nossa realidade. São eles: "Fazer diagnóstico precoce dos alunos com baixo desempenho e oferecer suporte adicional, estabelecer altas expectativas para os alunos, trabalhar com voluntários das comunidades para ajudar os alunos que necessitam de apoio, ligar redes e escolas desfavorecidas e fornecer suporte aos imigrantes".

Na coluna de Antônio Gois, no jornal O Globo, no dia 15/02/2016, o colunista publica as recomendações contidas no relatório para os governantes, diretores e professores, para os pais e para os estudantes. Se ousarmos resumir todas as recomendações em algumas palavras-chave para os grupos específicos, diremos que:

- **Para os governantes:** a recomendação é fazer uma gestão de qualidade, definindo estratégias, priorizando o aluno com baixo desempenho, implantando sistemas de diagnóstico prévio.
- **Para os diretores e professores:** devem influenciar pelo exemplo, ou seja, devem ser um modelo e criar um ambiente de orgulho em sua escola, ser receptivo a demandas e oferecer oportunidades extracurriculares.
- **Para os pais:** participação, incentivo e voluntariado.
- **Para os estudantes:** fazer o melhor, não obstante as dificuldades.

O diagnóstico da Educação no Brasil não é favorável. O Estado atual é um quadro de desigualdade social que influencia diretamente no desempenho escolar. E vou além. Essa situação de desigualdade também contribui para o alto nível de evasão e reprovação. Dois elementos a considerar: desigualdade e baixo desempenho. O momento provoca um questionamento sobre a adequação da Base Curricular, e a partir de muito debate e discussão propõe-se a construção de uma Base Nacional Curricular Comum.

Nossa proposta agora é elencar os resultados esperados. Já sabemos onde estamos. Iremos saltar para o nosso destino: aonde queremos chegar? Os estudos da Organização nos instigam a desejar os primeiros lugares no topo da lista. Queremos elevar o nível de desempenho dos nossos jovens. E para isso iremos traçar a primeira estratégia. Vamos eleger além da clareza mais duas competências (habilidades) para os gestores do século XXI.

CORAGEM

"Os líderes convidam as pessoas a segui-los até o futuro, sem garantia de sucesso..."

"... Liderança é mover-se com ousadia em direção ao futuro a despeito da incerteza e do risco." Andy Stanley

É certo que precisamos progredir. E todo progresso exige mudanças. No entanto, as pessoas procuram estabilidade e segurança. Esse estado de acomodação não é propício ao crescimento. Por isso, a coragem precisa ser um forte atributo do gestor educacional do século XXI. Na liguagem de Stanley, os líderes receberam a incumbência de conduzir pessoas a lugares onde elas nunca estiveram e um lugar em que eles também nunca estiveram. A coragem é o condutor para o futuro. Precisamos de coragem para:

- **DIZER NÃO:** pare de fazer! O gestor precisa identificar o que somente ele pode fazer. Sua responsabilidade. O que foi contratado para fazer. E focar nisso. Nas últimas décadas temos ouvido falar muito sobre "o tempo está correndo". Na verdade o tempo continua sendo cronometrado da mesma maneira... os segundos, minutos e as horas têm as mesmas frações. A diferença é que estamos acumulando múltiplas funções e com isso perdemos qualidade de vida e produtividade. Precisamos ter coragem para dizer "não". E delegar. Com isso melhoramos nosso nível de desempenho. Os resultados são aparentes e passamos a ser reconhecidos pelo que fazemos. Porque fazemos bem feito. E quando fazemos bem, ficamos satisfeitos.

- **PARA ENFRENTAR A REALIDADE:** verdade. Precisamos de coragem para enfrentar os resultados não desejados. Precisamos saber qual é a nossa real estrutura, nosso orçamento e empregarmos nossos esforços dentro do que podemos de fato fazer. Creio que os gestores públicos sabem do que estou falando. Sempre fazer mais com menos. Esse é o nosso desafio. Distorcer dados estatísticos para ficar melhor avaliado não é a solução para os problemas. Trabalhar com a verdade nos confere confiabilidade e atraímos pessoas para nos auxiliar. Se não sabemos o que fazer, sempre haverá alguém que saiba. Criar uma estrutura na qual há liberdade para aprender gera segurança. As pessoas não irão seguir você porque você sabe todas as coisas. Elas irão seguir você porque você sabe o que não sabe. E isso é nobre.

- **PARA SONHAR.** Para sonhar precisamos ter coragem. O que existe? O que poderia existir? Fomos desencorajados a sonhar. E se de fato tudo que existe primeiro foi criado na mente, quando perdemos a capacidade de sonhar perdemos a capacidade de realizar. Ouse sonhar. ..."nada de sonhar pequeno, pois isso não comove o coração das pessoas".

As nossas crenças acerca da Educação no Brasil não são boas. O que você cresceu ouvindo dizer sobre o ensino no Brasil? Eu cresci ouvindo dizer que "...quem é pobre tem que estudar para conseguir algo...", "...quem quer de fato se tornar um *expert* em sua área... precisa estudar fora...", "todos que alcançaram sucesso... foram embora do País, pois não tiveram reconhecimento". Ou seja, as mensagens intrínsecas eram: "estudar é para pobre", "estudar no Brasil não forma expert", "não existem pessoas de sucesso no Brasil", "para ser reconhecidos precisamos ir embora". Imaginem todas essas crenças negativas limitando minhas ações? Qual motivação eu teria para querer frequentar a escola? Iria me esforçar para quê? Porque... sair do Brasil era a condição para alcançar o melhor resultado, e essa hipótese, na minha mente de menina, era impossível acontecer..., permanecer aqui, estudando ou não... seria a mesma coisa... para que me esforçar tanto? Eu nunca seria *expert*... nunca teria sucesso... e nunca seria reconhecida. Que falta faz um sonho!

A matriz de crenças é interessante. Os estudiosos da neurociência nos ensinam que o resultado que desejamos, muitas vezes, é impedido ou sabotado nos primeiros anos em que somos expostos às trocas com o meio, através do que nos é comunicado. Aí reside o início de tudo. A partir da comunicação os nossos pensamentos são gerados. A partir dos pensamentos começamos a sentir algo a respeito deles. Os sentimentos, impressões e emoções que são provocadas por aqueles pensamentos, por sua vez, impulsionam nossas ações, que automaticamente estabelecem nossas crenças. As crenças nos comunicam a respeito do que pensamos de nós mesmos e do sistema. As crenças são autorrealizáveis.

A urgência é mudar o modelo mental a partir da produção de uma nova visão de nós mesmos, do outro e do sistema. E se todo o processo de mudança se iniciasse com você? O que pensaria? Temos ainda jovens que sonham serem professores? Poucos gostam da ideia de serem mártires. Os *"standup shows"* sempre trazem algo pejorativo em relação aos professores. Abro um parênteses para mencionar o saudoso Chico Anísio e sua série "Escolinha do Professor Raimundo..." cujos alunos eram das mais diferentes regiões do País e com estilos diferentes... que inspiração para nossas salas de aula, hein? E, se não bastasse, pior ainda era a motivação final, para nossos professores: "...e o salário... oh!" e fazia um sinal que expressava o quão pequeno era o salário. Atravessamos toda aquela década fortalecendo essa crença. E ficamos limitados.

A partir desse sentimento de inferioridade, poucos de nós ousam sonhar. Perdemos essa capacidade de sermos visionários, altivos. A partir dessa incapacidade somos passivos em relação às ações direcionadas à Educação. Por quê? Simplesmente fomos formatados para não acreditar. Não havendo crença positiva não agimos para fazer acontecer. E as crenças são autorrealizáveis. Tudo está de fato como pensamos da maneira como sentimos e os nossos resultados são apenas os nossos resultados. Simplesmente deixamos de fazer porque não acreditamos. E, não contentes com isso, ainda influenciamos as próximas gerações.

Se for certo que somos o que dizemos que somos e fazemos o que acreditamos que podemos fazer... precisamos reagir. Ressignificar é preciso. Precisamos fazer uma nova programação mental coletiva. Como podemos fazer isso? Tendo coragem para SONHAR. Precisamos criar um padrão mental de excelência com resultados extraordinários para a Educação no Brasil. Resultado de Alto Desempenho. Será o nosso legado.

COMPETÊNCIA

Fomos chamados para agregar valor. Por isso, acrescente o máximo de valor a sua instituição. A competência vai além de sua formação ou habilitação para exercer cargo de gestão. Fazer o que é certo no passo certo aumenta a produtividade. Não há como falar sobre competência sem dar o exemplo do princípio 80x20. Richard Koch, citado por Stanley, nos afirma que, normalmente, a menor parte das causas, informações brutas ou esforços gera a maioria dos resultados, informações processadas ou recompensas. Tomando literalmente, isso significa que, por exemplo, 80% do que você realiza em seu emprego é resultado de 20% do tempo gasto. Conhecer esse princípio nos ajuda a dar atenção às ações que irão nos tornar referência em nossa atividade. Quem utiliza bem o seu tempo dá bons resultados e torna-se referência. Tem competência.

O Instituto Unibanco desenvolveu uma metodologia de gestão educacional voltada para resultados e tem alcançado êxito na implantação do projeto Jovens do Futuro. É um exemplo de competência a ser seguido. "...Sabemos muito. Mas o muito que sabemos é pouco diante dos desafios que precisamos enfrentar..." (Ricardo Henriques – Superintendente do Instituto Unibanco). Esta frase faz todo sentido para mim. É um tributo àqueles que deixaram para nós o legado do saber. Porque, se "sabemos muito", houve doação de ao menos dez gerações passadas, até que esse conhecimento chegasse aos nossos dias. Cerca de 2.000 pessoas envolvidas na transmissão dessas informações para cada um de nós. A verdade é que a "Era do Conhecimento" não nasceu pronta... ela foi construída e nossa responsabilidade é fazer a gestão de todo esse patrimônio herdado, com CORAGEM, CLAREZA E COMPETÊNCIA para deixarmos o legado de alto desempenho para as próximas gerações.

Quais são os nossos sonhos para a Educação no Brasil? Sabemos muito. Mas, o que sabemos? Quanto sabemos? E o quanto ainda precisamos saber? Nossa contribuição para os gestores educacionais do Brasil é o convite a caminhar em direção ao estado DESEJADO. Permita-se fazer parte de um Estado com uma Educação forte. "Ouse ir além e o poder lhe será dado." (José Roberto Marques. Presidente do Instituto Brasileiro de Coaching – IBC)

REFERÊNCIAS BIBLIOGRÁFICAS

STANLEY, Andy. O líder da próxima geração. Qualidades de liderança que definirão o futuro. São Paulo: Editora Vida, 2008.

http://portal.inep.gov.br/pisa-programa-internacional-de-avaliacao-de-alunos

http://tracegp.sesi.org.br/bitstream/uniepro/192/1/Boletim_PISA%202012_Low%20performance_25_02_2016.pdf)

Programa de Formação e Certificação Internacional em Coaching - PSC Instituto Brasileiro de Coaching –IBC

Jhonatan Silvares Lopes

11

Coaching na Educação: uma ferramenta utilizada nos presídios como forma de reintegração social

(27) 99993-0044

Jhonatan Silvares Lopes

Formado em Direito pela Faculdade Pio XII, mestrando em Segurança Pública pela Universidade de Vila Velha, vem pesquisando sobre o papel dos cursos de inclusão social como mecanismo de ressocialização, inclusão social e agente inibidor da violência, criminalidade e reincidência criminal.
http://lattes.cnpq.br/7173183854741573

Através de uma experiência educacional por meio do Projeto de Inclusão social denominado Projovem, focado em curso de qualificação profissional, adaptado para atender jovens internos do Sistema Prisional, mostraremos como o uso de técnicas de Coaching no processo de ensino trouxe excelentes resultados tanto na assimilação do conteúdo do curso como nos relacionamentos entre alunos e professor. Tal iniciativa pode influenciar, ainda que de forma indireta, no cenário de nossa segurança, pois, ainda que vivamos num contexto em que o governo de um modo geral persiga meios e mecanismos para se reduzir os índices de criminalidade, violência e reincidência criminal em nossa sociedade, acreditamos que a educação é uma poderosa ferramenta no combate desses problemas, e incorporar técnicas de Coaching a ela tem se mostrado na prática mais eficiente ainda.

A SEGURANÇA PÚBLICA

Primeiramente, gostaríamos de trazer alguns dados relativos aos problemas enfrentados no âmbito da Segurança Pública fornecidos pelo Instituto Avante e pelo Mapa da Violência do Brasil do ano de 2015.

Quando o assunto em pauta são os índices ligados à Segurança Pública (violência e criminalidade), os dados se mostram um tanto quanto alarmantes, pois se trata daquilo que é apontado pelas pesquisas, ou seja, reflexo da nossa realidade. Segundo o Mapa da Violência de 2015, a taxa de óbitos (por 100 mil habitantes) causados por armas de fogo entre a população jovem nas capitais brasileiras teve uma média de 72,5. Cidades como Vitória (ES), Salvador (BA) e Fortaleza (CE) tiveram média de 133,0/133,5/164,3 óbitos por 100 mil habitantes respectivamente. (WAISELFISZ, 2015).

Na mesma pesquisa obtivemos o registro de que no ano de 2013, último com dados disponíveis, entraram para os índices de feminicídio 4.762 mulheres. Para entender o que isso significa, nesse mesmo ano, 2.451 municípios do Brasil, o que corresponde a 44% do total de municípios do País, contavam com um número menor de indivíduos do gênero feminino (meninas e mulheres) em sua população.

Os municípios de menor população feminina do País: Borá, em São Paulo, ou Serra da Saudade, em Minas Gerais, não chegam a ter 400 habitantes do sexo feminino. É como se em 2013 tivessem sido exterminadas todas as mulheres em 12 municípios com a densidade demográfica feminina da cidade de Borá ou de Serra da Saudade. Por essa ótica, isso geraria uma comoção, uma repulsa de repercussão mundial. Mas, como essas mulheres foram vitimadas de forma dispersa ao longo do território nacional, reina a indiferença, como se não existisse o problema. (WAISELFISZ, p.72, 2015)

Completando o cenário estatístico que nos deixa a par de alguns números referentes à problemática da Segurança Pública, segundo o Instituto Avante, em algumas pesquisas sobre a reincidência criminal, chegou-se a apontar que os números relativos à reincidência no Brasil chegam a 70% do número de presos que passam pelo sistema carcerário. Só no estado de São Paulo, de cada dez indivíduos presos pelo crime de roubo, sete reincidiram; levantamento dos dados de janeiro de 2001 a julho de 2013, e 41% são menores de idade. Ainda nesse levantamento, dentre esses reincidentes, 20,5% cometeram o crime de roubo antes dos 18 anos e 20,6% com idade inferior a 17 anos (Instituto ante.2014,http://institutoavantebrasil.com.br/brasil-reincidencia-de-ate-70/).

Neste tópico pudemos entender os problemas que enfrentamos no cenário da Segurança Pública, mas que desde já podemos aspirar ares positivos trazidos por medidas de políticas públicas voltadas para a educação, qualificação social, qualificação profissional, entre outras que reduzem significativamente os dados mostrados anteriormente.

A EDUCAÇÃO COMO MECANISMO DE REINTEGRAÇÃO SOCIAL

Para compreendermos a eficácia da educação no processo de reeducação de indivíduos e o reflexo futuro no âmbito da Segurança Pública com menos índices de reincidência e criminalidade, precisamos entender como a educação pode "moldar" os indivíduos.

Segundo a teoria Vygotskiana pedagógica, no processo de aprendizagem, as características humanas não estão presentes desde o seu nascimento e também não são simplesmente frutos das pressões do meio. Trata-se dos resultados da interação do homem com a sociedade, pois, quando o homem transforma o meio na busca para atender suas necessidades básicas, este acaba por transformar a si mesmo. (COELHO e PISONI, 2012)

No mesmo sentido, Piaget (2007) afirma que o ensino (e a aprendizagem como consequência) não pode ser concebido como algo predeterminado nas estruturas do sujeito, mas elas são reflexos de uma construção contínua e efetiva de interação do sujeito com o meio em que ele vive.

Nessa relação entre o educador x interno e interno x interno, é que podemos vislumbrar essa interação descrita outrora pelos citados educadores (Piaget e Vygotsky). Na intenção de buscar os objetivos centrais do curso, também fica clara a intenção de se "incutir" na mente desses reeducandos valores sociais e profissionais importantes para seu processo de regeneração e incluir-se de forma digna na sociedade.

Em outras palavras, toda a ideologia do curso deveria estar bem solidificada na mente desses jovens, porque, segundo Bruner, no próprio ato de ensinar estão sobrepostas as noções ou visões do educador quanto à natureza da mente do aprendiz. (BRANDOLI e NIEMANN, 2012).

Somos persistentes em falar nos ideais, objetivos e finalidades desses cursos de inclusão social, para mostrar quais valores morais, sociais, profissionais pretende-se transmitir a esses alunos que estão presos no sistema penitenciário. Será, de agora em diante, mais fácil de se entender com que tipo de conteúdos e de metodologias educacionais almeja-se alcançar resultados positivos na reintegração social desses internos e como a ferramenta de Coaching fora utilizada em todo esse processo.

O PROJOVEM

O ProJovem Trabalhador é um programa de qualificação elaborado pelo Governo Federal, através do Ministério do Trabalho e Emprego, viabilizado e fomentado pelas Prefeituras Municipais do Estado do Espírito Santo que apoiam o programa; com apoio da Secretaria do Trabalho, Emprego e Renda, e órgãos executores das tarefas de ensino e acompanhamento social e profissional. Um dos principais objetivos do ProJovem é inserir, por meio da qualificação, jovens com idades entre 18 e 29 anos, que não estejam trabalhando formalmente no mercado de trabalho. No projeto do qual tivemos participação, este fora adaptado para jovens internos no Sistema Prisional do Espírito Santo. O Projeto conta com os seguintes cursos:

Áreas/Carga horária	Funções/Qualificação
Serviços pessoais - 250 h	Instrutor / Professor com qualificação na área ocupação de manicura e pedicura, depilador(a), cabeleireiro(a), maquiador(a).
Construção e reparos II (instalações elétricas) - 250 h	Instrutor / Professor com qualificação na área Eletricista de Instalações, funcionamento de lâmpadas, condutores, circuitos, materiais de instalação elétrica, manutenção de edificações, geração, transmissão e distribuição de energia, consumo de energia, extensão, bombas de água, instalação e reparação de linhas e aparelhos de telecomunicações, instalação de serviços eletrônicos de segurança
Alimentação - 250 h	Instrutor / Professor com qualificação na área Serviços no setor de alimentação, segurança de alimentos, contaminação, conservação de alimentos, técnicas de trabalho de chapista, cozinheiro auxiliar, repositor de mercadorias, vendedor ambulante, sopas, apresentação dos pratos.

O ProJovem também tem a preocupação de garantir que os jovens que participaram do programa recebam uma instrução diferencial voltada para a área social, que conta com a ministração de aulas concernentes aos valores morais, éticos, ética no trabalho, direitos humanos, noções de direitos trabalhistas, entre outros.

COACHING NO PROJOVEM

Ministramos o curso de Auxiliar Administrativo no ProJovem, iniciado no dia 10 de agosto de 2015. Durante o processo tivemos a oportunidade de utilizar a técnica de Coaching conhecida como "Roda da Vida" e pudemos ver o reflexo positivo da utilização dessa ferramenta tanto na conduta, postura ou discurso dos alunos.

A "Roda da vida" ou Mapeamento emocional evidencia áreas fragilizadas do indivíduo e que interferem em sua progressão, sucesso e estabilidade emocional. Essas áreas são: Qualidade de vida (*hobbies* e diversão, plenitude e felicidade, espiritualidade), Pessoal (saúde e disposição, desenvolvimento intelectual, equilíbrio emocional), Profissional (contribuição social, recursos financeiros, realização e propósitos) e Relacionamentos (família, relacionamento amoroso, vida social).

Com o uso da técnica na educação dos internos pudemos identificar e avaliar alguns pontos frágeis de suas vidas, com o fim de se restaurar, na medida do possível, essas áreas fragilizadas.

O coautor do livro "Liderança e Espiritualidade" Marcos Martins Oliveira explica brilhantemente em seu capítulo essa importância e demonstra que todo ser humano é a união do ser físico, emocional, mental e espiritual e que cada uma dessas dimensões do ser deve estar em equilíbrio para que o homem seja plenamente feliz. (OLIVEIRA, 2015).

O autor nos aconselha e explica como isso funciona. Faz-nos entender que as emoções refletem em nossas atitudes, e como o corpo, a mente, a espiritualidade e o emocional devem andar equilibrados, vejamos:

Você precisa investir em todas as áreas da sua vida. Você precisa cuidar do físico, mental, social, emocional e espiritual para ter saúde completa e sucesso profissional. Na dimensão física, precisa de alimentação equilibrada, repouso adequado, exercício físico, ar puro, muita água e contato com o sol. Na dimensão mental, precisa se exercitar intelectualmente, lendo bons livros e artigos, participando de treinamentos e cursos, mantendo pensamentos puros e saudáveis. Na dimensão social, precisa cuidar dos que você ama (família, cônjuge, filhos, amigos), ter relações mais saudáveis com os companheiros de trabalho, com os clientes e com amigos da escola ou faculdade, ou seja, precisa cuidar das relações interpessoais para que as mesmas sejam positivas. Na dimensão espiritual, precisa descobrir quem é você, qual o lugar que você ocupa no universo. O que precisa fazer para ser feliz e pleno! Precisa se dedicar a sua religiosidade e expressar sua espiritualidade, vivendo seus valores e crenças de uma forma coerente. Deve praticar aquilo que prega, para conseguir força e paz interior. E por último, na dimensão emocional, precisa ter tempo para a recreação e trabalho, o equilíbrio entre os dois é essencial! E o mais importante: precisa lembrar que seu estado emocional depende de todas as outras dimensões. O cuidado com o emocional é essencial, pois, como já vimos, controla nossas decisões racionais. (OLIVEIRA, 2015, p.126)

Após mostrar esses conceitos para os alunos, procuramos pôr em prática diariamente os conselhos dados acima pelo autor, respeitando as limitações dos alunos que por estarem com sua liberdade tolhida não poderiam seguir à risca algumas das orientações.

De forma prática houve o incentivo à leitura para a dimensão da área intelectual, bem como a realização de exercícios-testes e redações para a prova do Enem que seria realizada no final do ano, para a dimensão social, a interação com os colegas em sala de aula e até o transmitir do conteúdo assimilado em aula com os colegas de cela; conversar, trocar experiências, tendo-os como amigos e de certo modo como família.

Na dimensão física, alguns dos internos declararam que havia o costume da prática do esporte Jiu-Jitsu entre eles, o que fora incentivado como prática de atividade corporal. Um dos internos era professor da arte marcial e a ensinou para uns, que foram ensinando aos outros. Finalmente, na dimensão espiritual, nos 15 primeiros minutos da aula, era lido um versículo da Bíblia e feito um comentário ou meditação sobre o texto, seguido de uma breve oração. Esta última prática, ressaltamos que fora deixada livre para quem quisesse livremente participar, mas, que em conjunto com as demais trouxe como resultado alunos mais focados, interessados, participantes da aula e aspirando uma nova expectativa de vida.

Concluímos que a técnica de Coaching utilizada no processo de aprendizagem desses alunos (internos) foi de extrema importância para eles, pois, quando aplicamos alguns desses conceitos, percebemos que enxergaram a necessidade de mudança em algumas posturas, comportamentos e se mostraram mais esperançosos por uma nova vida.

REFERÊNCIAS BIBLIOGRÁFICAS

BRANDOLI E NIEMANN, Fernanda e Flávia de Andrade. Jean Piaget: um aporte teórico para o construtivismo e suas contribuições para o processo de ensino e aprendizagem da Língua Portuguesa e da Matemática. Rio Grande do Sul: Anped Sul, 2012.

COELHO E PISONI, Luana e Silene. Vygotsky: sua teoria e a influência na educação. Osório, v. 2, n. 1- ago. 2012.

OLIVEIRA, Marcos Martins. Liderança e Espiritualidade: Espiritualidade, a chave para a saúde e o sucesso profissional. São Paulo: Leader, 2015.

WAISELFISZ, Júlio Jacobo. Mapa da Violência 2015: Mortes matadas por arma de fogo, Brasília, 2015.

WAISELFISZ, Júlio Jacobo. Mapa da Violência 2015: Homicídio de Mulheres no Brasil, Brasília, 2015.

Instituto Avante.2014,http://institutoavantebrasil.com.br/brasil-reincidencia-de-ate-70/).

Patrícia Fernandes Westphal

12

A família no processo de iniciação escolar da criança

(11) 99721-5461
patriciapsi2014@gmail.com

Patrícia Fernandes Westphal

Psicóloga com ampla experiência na área clínica, em especial no atendimento com crianças e adolescentes. Graduada em Psicologia, pós-graduanda em Neuropsicopedagogia Clínica e mestra em Saúde Materno-Infantil.
Formação e Certificação Internacional em Leader Coach pelo Instituto Advento. Experiência em docência do ensino superior.

O primeiro grupo social que possibilita o desenvolvimento do indivíduo é a família. Ocorrendo neste convívio os primeiros estímulos para um saudável desenvolvimento psicomotor, emocional e social. A família é o alicerce da sociedade, é uma unidade de crescimento, onde acontece todo processo de humanização do indivíduo[1]. A família possui um papel decisivo na educação de forma geral, sendo a influência mais poderosa para o desenvolvimento da personalidade e do caráter do cidadão.

Na sociedade contemporânea, é possível identificar as mais diversas configurações familiares com os novos arranjos, mas isso não minimizou a sua relevância na promoção de bons hábitos. Mesmo com todas as transformações pelas quais a família vem passando, ela continua sendo uma instituição essencial na promoção e na manutenção dos valores que precisam persistir às mudanças em qualquer tempo.

No decorrer da vida o ser humano irá conviver com diversos outros grupos, mas nenhum deles sobrepõe a importância da família para o desenvolvimento e formação deste ser, constituindo-se como a primeira possibilidade de aprendizagens afetivas e de relações sociais. De acordo com Passos, "são essas vinculações primárias que potencializam todas as demais formas de vínculos do indivíduo com os outros" (p.135).[2]

A instituição escolar é o segundo grupo social onde o sujeito geralmente é inserido, cabendo à família prepará-lo para essa inserção. Os pais são os principais educadores e a escola, com a socialização do conhecimento, vem complementar esse processo, ampliando a visão de mundo dos educandos. Não compete à escola exercer a função moral da família. O ser humano perpassa importantes grupos sociais na sua trajetória de vida e cada um deve conservar suas particularidades. Para que o papel pedagógico seja exercido pela escola com boa qualidade, a família necessita exercer o seu papel de educadora. As novas configurações familiares têm sobrecarregado o ambiente escolar, e se espera que a escola dê conta de um papel que pertence primariamente à família.

A atual conjuntura social e econômica requer dos pais e/ou responsáveis pelas crianças uma intensa carga horária de trabalho a fim de prover o sustento da família. Consequentemente, as crianças iniciam o seu processo de escolarização na educação infantil precocemente, reduzindo o contato direto entre pais e filhos. Assim, há grande necessidade dessas instituições, como uma alternativa para a vida moderna no cuidado com as crianças. Contudo, a cada dia, elas ficam mais tempo nas escolas, e isso fortalece a falsa ideia de que a responsabilidade da educação das crianças cabe a essas instituições. O papel da escola é dar andamento ao processo educacional, pois realiza melhor função quando pode ampliar e aprofundar os ensinamentos já semeados pela família.

Portanto, o solo fértil para que a escola também possa difundir os seus ensinamentos deve ser preparado pela família com o repasse dos valores, da ética, dos limites e da disciplina.

OS PAIS, OS PRIMEIROS EDUCADORES

É junto com a família que a criança realiza as primeiras e mais importantes experiências de sua vida, devendo haver um diligente esforço para que estas vivências sejam as melhores.

Winnicott[3] dá um destaque ao papel da mãe desde o início do desenvolvimento para a formação social da criança e considera de grande valor a relação mãe e filho. O autor prossegue reforçando a união dos pais no cuidar da criança, promovendo gradativamente o encontro entre ela e o mundo, conduzindo, assim, a relação entre ambos. É deste cuidado e amparo que a criança ganha confiança, sentindo-se assim valorizada, assistida e segura.

Durante toda a sua evolução, o processo de aprendizagem continuará, enquanto esse sujeito existir, se as condições neurológicas e ambientais o permitirem.

Se na trajetória familiar é permitido à criança experienciar a exploração do mundo, onde vai da curiosidade ao desejo de aprender, viabilizada pelas brincadeiras infantis, histórias, desenhos, músicas, jogos, entre outros que enriquecem o universo infantil, a mesma apresentará mais facilidade de aprendizagem no ambiente escolar.

Não há dúvida de que a família influencia de maneira positiva ou negativa a aprendizagem. Cabe ao meio familiar evitar os prejuízos na aprendizagem, favorecendo um ambiente emocional estável, em que haja a satisfação das necessidades básicas de afeto, apego, desapego, segurança, disciplina, comunicação e com estímulos cognitivos de acordo com cada fase de evolução. Alguns pais se empenham em intensa estimulação precoce, se distanciando muitas vezes das necessidades próprias da infância. Diante do exposto, é importante destacar que tanto o excesso como a carência de estimulação são prejudiciais à aprendizagem.

Os primeiros anos de vida de ensino são inteiramente de responsabilidade dos pais, a mãe deve ser a professora e o lar a escola onde a criança recebe suas primeiras lições. Na formação do caráter, nenhuma influência representa tanto quanto a do lar. O trabalho do professor deve complementar o dos pais, jamais substituí-lo. Os pais possuem a primeira e mais favorável oportunidade de disciplinar e educar os filhos, quando estes são receptíveis ao ensino, e sua mente e seu coração são fáceis de impressionar.[4]

A AFETIVIDADE NO APRENDIZADO

Como psicóloga, trabalhando especialmente no atendimento a crianças no consultório, não poderia deixar de enfatizar a influência do fator emocional sobre a aprendizagem. Para Winnicott, muitas famílias são capazes de produzir filhos sadios, e lhes dar um bom meio familiar.[5] No entanto, não é esta a realidade atual, pois, muitas famílias estão produzindo filhos cada vez mais adoecidos e fragilizados, estamos infelizmente na geração dos sintomas. Nenhuma outra habilidade pode ser desenvolvida na criança sem que a habilidade emocional seja trabalhada.

A eficácia intelectual é reduzida diante de tensões emocionais. O sucesso na aprendizagem escolar está diretamente relacionado ao suporte emocional recebido pelos pais, que têm a responsabilidade de orientá-los a como lidar com as frustrações que são naturais nesse processo.[6]

As tensões acumuladas na dinâmica das relações familiares certamente aparecerão na escola, que é o mais amplo agrupamento que se segue às relações familiares, sob a forma de um problema de adaptação e/ou aprendizagem na vida escolar. Os avanços na aprendizagem ficam tolhidos quando a tensão emocional é grande.[7]

Só é possível compreender a criança em sua totalidade quando se conhece o seu contexto familiar, pois, a obtenção da maturidade da criança está relacionada com a maturidade dos adultos com os quais ela convive. Ao oferecer desafios apropriados a cada fase, os pais estarão ajudando no desenvolvimento da maturidade dos filhos.

Convém ressaltar que os sentimentos alimentados pelos pais em relação à criança nos anos que antecedem a vida escolar são fundamentais, pois estes sentimentos colaboram para o conceito que a criança formará de si, do mundo e do seu lugar no mundo.[8] O autor considera o autoconceito como base de toda aprendizagem, pois, se a criança se percebe capaz, aprenderá muito mais se esse autoconceito for positivo.

Quando a criança adentra o universo acadêmico, passa a fazer parte de um mundo imenso e desconhecido, e todas as funções serão necessárias para ela enfrentar esse momento. Portanto, o ambiente familiar deve favorecer uma estrutura emocional e psíquica para enfrentar os novos desafios.

A FAMÍLIA E A VALORIZAÇÃO DO SABER

É no contexto familiar que se deve iniciar o estímulo e o incentivo pelo saber. Crianças inseridas em contextos familiares que não valorizam o conhecimento acadêmico tendem a não se empenhar para sua apropriação. Na educação, os pais podem transmitir para os filhos suas crenças e ideologias.

A melhor escola de formação cultural, social e psicológica é o próprio lar. Embora existam muitas teorias psicológicas e educacionais que possam orientar os pais comprometidos com a responsabilidade de orientar novas gerações, nada se compara aos exemplos vivenciados no seio familiar desde o começo de sua vida.[9]

As perspectivas dos pais em relação ao futuro são fatores que podem ou não contribuir para que os filhos estejam estimulados ao desempenho escolar satisfatório. É possível que o conhecimento da história de vida escolar dos responsáveis desta criança assinale a relação desta família com a escola e a origem das expectativas da mesma. Há também casos de pais com baixo nível de instrução que não foram devidamente incentivados e orientados nas questões acadêmicas, porém, se esforçam por incutir nos filhos o interesse pelo conhecimento como forma de superar as desigualdades sociais.

Toda família funcional oferece e prioriza os laços afetivos, contribuindo para o bom desempenho da criança na escola. Pais envolvidos na vida escolar dos filhos transmitem mais segurança e os fazem produzir mais e melhor.[1]

A relação do aluno com a escola é afetada pela significação que os pais dão a esse universo e com todas as relações com ela estabelecida. Ao ingressar na escola, a criança já traz consigo um conhecimento internalizado. Essa aquisição foi construída desde os primeiros anos de vida, a partir da forma como se deu esse conhecimento no âmago familiar. E o conhecer não é referente somente à realidade objetiva como também à realidade subjetiva.[10]

Ponderando que o ser humano aprende o tempo todo, nas mais diversas situações do cotidiano, o papel da família é fundamental, pois é ela que decidirá, desde cedo, o que seus filhos precisam aprender e em quais instituições devem ser inseridos, e influenciam nas decisões que serão tomadas ao longo da vida para que as mesmas os favoreçam no futuro.[11]

A estimulação para a aprendizagem deve ser compreendida na relação entre os aspectos afetivos e cognitivos do indivíduo, ambos dependentes do meio social. Desta forma, as crianças provenientes de contextos familiares que não conseguem valorizar a aprendizagem escolar tendem a não investir energia suficiente para aprender.

Concluo convidando as famílias a se apropriarem do poder que lhes é conferido, como o primeiro e mais importante grupo social na formação do indivíduo. E não permitam que as mudanças geradas pela sociedade enfraqueçam essa função que necessita cada dia ser mais potencializada, pois se observa uma precariedade dos vínculos familiares com o enfraquecimento da função materna e, principalmente, da função paterna.

Atualmente, os pais têm negligenciado a responsabilidade no cumprimento do seu *dever de casa* elementar como segmento responsável por orientar a conduta básica do cidadão. Espero ter instigado os pais e responsáveis a uma reflexão que os leve a um maior comprometimento quanto ao envolvimento no processo de educação das crianças antes mesmo da sua inserção na vida escolar. E que esforços sejam diuturnamente realizados para proporcionar relações saudáveis e estimuladoras a fim de que os possíveis problemas na aprendizagem possam ser evitados ou minimizados. Não digo ser tarefa fácil, mas acredito que seja possível.

REFERÊNCIAS BIBLIOGRÁFICAS

1. Souza MEP. Família/escola: a importância dessa relação no desempenho escolar. 2009. Disponível em: http://www.diaadiaeducacaopr.gov.br/portals/pde/arquivos/1764-8.pdf.-. Acesso em: 22 de dezembro de 2015.

2. Passos, MC. Família e sintoma: pequeno ensaio para desvelar sentidos. In: Feres-Carneiro, T (org.). Casamento e família: do social à Clínica. Rio de Janeiro. NAU; 2001.

3. Winnicott, DW. A família. In: Tudo começa em casa. 2ª ed. São Paulo: Martins Fontes, 1996.

4. White, GE. Orientação à Criança. Tatuí, SP: Casa Publicadora Brasileira, 2014.

5. Winnicott, DW. A família e o desenvolvimento do indivíduo. Belo Horizonte: Interlivros, 1980.

6. Casarin NEF, Ramos MBJ. A família e a aprendizagem escolar. Revista Psicopedagogia 2007; 24(74): 182-201.

7. Celidônio, RF. "Trilogia inevitável: família - aprendizagem - escola", in Revista Psicopedagogia. Vol. 17, São Paulo, Salesianas, 1998.

8. Piletti, N. Psicologia educacional. São Paulo: Ática, 1984.

9. Baltazar, já; Moretti, LHT. As relações familiares, a escola e sua influência no desenvolvimento infanto–juvenil e na aprendizagem. Revista Terra e Cultura, Ano XX, n. 39, p.126-135, jul./dez. 2004.

10. Souza, ASL. Pensando a inibição intelectual: perspectiva psicanalítica e proposta diagnóstica. São Paulo: Casa do Psicólogo, 1995.

11. Jardim, AP. Relação entre família e escola: Proposta de ação no processo ensino – aprendizagem. Dissertação (Mestrado em Educação) 2006. Presidente Prudente / São Paulo. Universidade do Oeste Paulista – Unoeste. Disponível em: tede.unoeste.br/tede/tde_busca/arquivo.php?codArquivo=38. Acesso em 14 de dezembro 2015.

Coaching Educacional nas escolas de educação básica formal como uma receita para o engajamento

Rafaela Tzelikis Mund

(48) 9935-5911
rafaelamund@gmail.com

Rafaela Tzelikis Mund

Coach, consultora e mentora em contextos de Educação Básica e Corporativa. Graduada em Pedagogia, com habilitação em Educação Especial, é especialista em Psicopedagogia Institucional e Clínica e mestra em Psicologia. Possui Certificação em Leader e Team Coaching, Professional & Self Coaching. Atua há aproximadamente 20 anos na área de educação em diferentes contextos: como professora dos anos iniciais do Ensino Fundamental de escolas da rede municipal, estadual e privada. Coordenadora pedagógica em escola básica e gestora de educação corporativa, para jovens e adultos trabalhadores das indústrias de Santa Catarina. Atualmente, trabalha como consultora, mentora e *coach* para contextos de educação.

Este texto tem como objetivo principal contribuir positivamente com gestores escolares que desejam inovar em seus espaços e fazeres, promovendo maior engajamento entre a escola e as famílias, na busca por uma educação de qualidade para todos.

Para início de conversa, eu pergunto: você já pensou que a construção de um movimento de engajamento na sua escola pode ser a melhor solução para qualificar as relações interpessoais e inovar nas práticas educativas produzidas no espaço? Já pensou que esse movimento pode, também, contribuir com a manutenção e o aumento das matrículas de estudantes na sua instituição?

Os diferentes lugares e papéis vivenciados por mim, em minhas experiências pessoais e profissionais com escolas de educação básica formal, me fizeram construir a crença de que uma educação de qualidade só poderá ser promovida quando os sujeitos envolvidos nos contextos escolares desejarem efetivamente isso.

Pautada nessa crença - e fundamentada nos princípios e benefícios que a metodologia Coaching oferece -, tenho apresentado para algumas escolas a ideia de que essa metodologia pode ser uma ferramenta fundamental para a construção de um movimento de engajamento entre os educadores (escolares e familiares) e estudantes, rumo a uma efetiva mudança e inovação nas práticas educativas atuais.

Olhando de dentro da escola, o Coaching aplicado na formação inicial e continuada de educadores (familiares e escolares) e estudantes, do meu ponto de vista, possibilita a construção intencional de espaços para diálogos, propondo nesses momentos um resgate do papel (autoria e autoridade), do valor e da importância que a escola tem para o desenvolvimento humano e social.

Quando temos valores, propósito, missão e visão de futuro compartilhados e construídos com todos que pertencem à comunidade escolar, e sendo lembrados e relembrados cotidianamente por meio de formações continuadas e em nossos fazeres cotidianos, pelas atitudes e comportamentos que apresentamos na relação com os outros e os contextos, a comunicação e o diálogo parecem fluir sem muitas barreiras ou ruídos.

1. CENÁRIOS DE NÃO DIÁLOGOS

Apresentarei, abaixo, três cenários que hoje, do meu ponto de vista, existem e pouco contribuem com a construção de diálogos e, portanto, de engajamento.

1.1. Reunião de pais

Uma escola da cidade promove três tipos de reuniões com as mães e pais dos seus estudantes ao longo do ano letivo.

No início no ano, a reunião acontece com todas as mães e pais de determinada turma juntos, ouvindo cada professor apresentar os conteúdos que ministrará em suas disciplinas e como serão avaliados.

Na reunião que acontece no início do segundo semestre, cada mãe e pai que deseja conversar com um ou mais de um professor do seu filho e filha precisa chegar em horário determinado pela escola, comunicado antecipadamente, via agenda escolar, ficar numa fila, que se constitui por ordem de chegada, e junto com outras mães e pais esperar pela sua vez.

No final do ano letivo, a reunião é com as mães e pais que desejam resolver alguma questão pendente. Para isso, a escola orienta realizar um agendamento com antecedência, via secretaria escolar, para os períodos e horários determinados pela escola, nos quais os educadores escolares se colocam à disposição para a conversa.

1.2. A ausência de formação inicial e continuada para pais nas escolas

As mães e pais deste tempo, filhos de uma educação de mães e pais da geração X, quando precisam, hoje, atuar nesses papéis, buscam fazer de outra forma, diferente dos modelos tradicionais, rigorosos e disciplinados, e constituídos internamente nas vivências e experiências com suas famílias.

Nessa mistura, muitas famílias, não sabendo muito bem como atuar, transferem para a escola a responsabilidade de educar seus filhos e filhas, especialmente nos quesitos: dar limites, construir rotina e respeito com os outros para o convívio social. Essa transferência promove nos professores uma inquietude e incômodo pois esses não conseguem incluir tantos valores, propósitos e atitudes diferentes num mesmo espaço educacional que, nesse caso, se restringe à sala de aula.

1.3. Reuniões e semanas não pedagógicas com os educadores escolares

Os contextos atuais vêm desafiando a educação de um modo geral, pois diariamente somos "bombardeados" por novas e diferentes informações que chegam pelas mídias eletrônicas.

Nesse processo, emergiu a necessidade de se informatizar os espaços escolares, exigindo que os professores também se informatizassem. Muitas escolas criaram, nas reuniões e semanas pedagógicas, momentos de capacitação para que os professores desenvolvessem suas habilidades com as novas ferramentas. Porém, tais eventos negligenciaram o fato de que, ao desenvolvermos uma nova competência, é de suma importância que consideremos o tripé: conhecimentos, habilidades e atitudes, pois não basta aos professores saber da existência das novas tecnologias e ter habilidade para usá-las, faz-se necessário que se desenvolva com eles sentidos para o uso, para assim criar motivação, vontade e atitude de querer utilizar, de forma significativa e inovadora, essas tecnologias.

2. A RECEITA PARA O ENGAJAMENTO

A receita para o engajamento foi criada a partir de outras receitas de outros preparos, mas ela se baseia na concepção de que a construção de engajamento acontece quando as instituições têm a clareza dos seus valores, propósito, missão e visão de futuro, pois são esses olhares e escolhas que definirão a cultura organizacional que se constituirá nas escolas.

2.1. Ingredientes principais

Essa receita, antes de ser iniciada, precisa passar pela identificação e qualificação dos ingredientes principais. Sem eles, as etapas do processo e o modo de preparo não acontecem.

Observe quais são: empatia e comunicação empática; fazer coletivo e colaborativo; escuta na essência; doses de inteireza e atenção focada; não julgamento e observação avaliativa; planejamento estratégico e criativo com propósito; pitadas de afeto e acolhimento, dentre outros temperos a gosto.

2.2. Etapas do processo

Um projeto pedagógico que objetive criar engajamento precisa, antes de qualquer coisa, ter a clareza dos seus valores, propósito, missão e visão em educação. Essa visão precisa ser de futuro, de onde se quer chegar, do estado desejado que se almeja.

2.3. Modo de preparo

Utilizarei uma ferramenta conhecida como 5W2H para apresentar o modo de iniciar a implantação no cotidiano escolar desse projeto pedagógico para o engajamento. A ferramenta tem esse nome porque se refere às perguntas em língua estrangeira: What (o quê)? Why (por quê)? When (quando)? Who (quem)? Where (onde)? How (como)? How much (quanto custa)? Aqui, utilizarei apenas as traduções, observe:

2.3.1. Projeto pedagógico: aplicabilidades

O quê?	Formação inicial para mães e pais.
Como?	Por meio de atividades interativas.
Quando?	Número de encontros: 1 Duração: 2 horas Regularidade: semestral
Por quê?	- Apresentar valores, propósito, missão e visão institucional da proposta metodológica escolar (direitos e deveres); - Apresentar os comportamentos e as atitudes que se esperam dos educadores familiares e dos estudantes nessa metodologia e como isso será observado e avaliado continuamente na prática.
Quem?	Um profissional da escola (coordenando a atividade), com as mães e pais que efetuaram matrícula nova no período.
Onde?	Na escola.
Quanto custa?	- Reservar sala e equipamentos; - Providenciar materiais para a atividade; - Criar e enviar convites às famílias; - Duas horas de trabalho para o profissional da escola que realizará a atividade.

O quê?	Formação continuada para mães e pais.
Como?	Por meio de atividades interativas.
Quando?	Número de encontros: 4 Duração: 2 horas Regularidade: bimestral
Por quê?	Alinhar, acompanhar e supervisionar as ações e os comportamentos vinculados à manutenção dos valores, propósito, missão e visão institucional.
Quem?	Um profissional da escola (coordenando a atividade), com todas as mães e pais da escola interessados, sendo a comunidade escolar de modo geral convidada.
Onde?	Na escola.
Quanto custa?	- Reservar sala e equipamentos; - Providenciar materiais para a atividade; - Criar e enviar convites às famílias e aos educadores escolares; - Duas horas de trabalho para o profissional da escola que realizará a atividade.

O quê?	Formação inicial para educadores escolares.
Como?	Por meio de: apresentação de documentos (projeto político-pedagógico, vídeos institucionais, apresentação do *site*, dentre outros).
Quando?	Número de encontros: 1 Duração: 2 horas Regularidade: sempre que houver contratação de novo professor ou outros profissionais para atuar na escola, sejam eles: secretária (o), bibliotecária (a), merendeira etc.
Por quê?	Mostrar os comportamentos e atitudes que se esperam dos educadores escolares vinculados à metodologia da escola e aos valores, propósitos, missão e visão de futuro da mesma e como isso será observado e avaliado na prática.
Quem?	- Coordenador Pedagógico do Segmento Escolar (infantil, fundamental, médio) quando for um professor contratado; - Coordenador Administrativo quando for outro educador escolar como: secretária (o), faxineira (o), zeladoria etc.
Onde?	Na escola.
Quanto custa?	Duas horas da coordenação e do professor contratado.

O quê?	Formação continuada para educadores escolares
Como?	Por meio de: atividades colaborativas, mostra de práticas educativas e apresentação de novos autores e metodologias.
Quando?	Número de encontros: 20 Duração: 3 horas Regularidade: de 15 em 15 dias.
Por quê?	Promover trocas de experiências relacionadas aos modos de ser e fazer dos educadores escolares com os estudantes e suas famílias, para garantir o alinhamento e a manutenção das práticas cotidianas educativas com os valores, propósitos, missão e visão institucional.
Quem?	Coordenador pedagógico: constrói um encontro com cada professor ou grupos de professores para apresentar aos colegas suas experiências práticas.
Onde?	Na escola.
Quanto custa?	- Reservar sala e equipamentos; - Providenciar materiais para a atividade; - Criar e enviar convites aos educadores; - Duas horas de trabalho para o profissional da escola que realizará a atividade.

O quê?	Formação inicial para estudantes.
Como?	Por meio de: apresentação de documentos (projeto político pedagógico, vídeos institucionais, apresentação do site, dentre outros).
Quando?	Número de encontros: 2 Duração: 2 horas Regularidade: semestral
Por quê?	- Apresentar os valores, propósito, missão e visão institucional; - Apresentar a proposta metodológica escolar (direitos e deveres); - Apresentar os comportamentos e as atitudes que se esperam dos estudantes nessa instituição e como isso será observado e avaliado.
Quem?	Um profissional da escola coordenando a atividade com os estudantes (fundamental e médio) que efetuaram matrícula nova no período. *A educação infantil é contemplada pela via da formação com mães e pais.
Onde?	Na escola.
Quanto custa?	- Reservar sala e equipamentos; - Providenciar materiais para a atividade; - Criar e enviar convites aos estudantes e comunicado às famílias; - Duas horas de trabalho para o profissional da escola que realizará a atividade.

O quê?	Formação continuada para estudantes
Como?	Por meio de atividades colaborativas como: - Trocas de experiências; - Agenda cultural; - Novas ideias.
Quando?	Número de encontros: 4 Duração: 2 horas Regularidade: bimestral.
Por quê?	Alinhar, supervisionar e avaliar as ações e comportamentos vinculados à manutenção dos valores, propósito, missão e visão institucional.
Quem?	Um profissional da escola coordenando a atividade com todos os estudantes (fundamental e médio).
Onde?	Na escola.
Quanto custa?	- Sala e equipamentos; - Materiais para a atividade; - Criar e enviar convites aos estudantes e comunicado às famílias; - Horas de trabalho para o profissional da escola que realizará a atividade.

O quê?	Eventos
Como?	Por meio de atividades variadas: - Mostra de trabalhos; - Feira de troca-troca; - Oficina educativa conduzida por pais, professores e estudantes; - Apresentações culturais; - Mesa coletiva com comes e bebes; - Bazar e campanhas para contribuir com algum projeto ou instituição social.
Quando?	Número de encontros: 3 Duração: 4 horas Regularidade: trimestral.
Por quê?	Trocar experiências, construir vínculos, aproveitar com qualidade os espaços da escola, facilitar a comunicação entre educadores familiares, educadores escolares e estudantes.
Quem?	Um comitê formado por ao menos 7 pessoas para a organização. Sendo 2 educadores familiares, 2 educadores escolares e 3 estudantes (2 do fundamental e 1 do ensino médio).
Onde?	Na escola.
Quanto custa?	- Preparar espaço para acolher o evento; - Providenciar materiais para as atividades; - Criar e enviar convites aos educadores e estudantes.

Nessa receita, os principais benefícios que percebo são: a melhoria nas relações interpessoais entre os educadores (escolares e familiares); uma comunicação mais clara e efetiva; maior congruência entre a teoria (o tipo de educação que a escola diz que faz) com as práticas (a educação que a escola realmente faz); construção de vínculos de segurança, confiança e afetos - movimentos que o engajamento cria e, com isso, acelera um processo maior que objetiva qualificar a educação que fazemos hoje para fazer ainda melhor no futuro. Eu visualizo e acredito. E você?

Rita Costa

14

A interferência das crenças limitantes na aprendizagem

(27) 99971-2839
ritacosta.coach@hotmail.com
www.coachritacosta.com.br

Rita Costa

Mestrado em Ciências da Educação. Especialista em Psicopedagogia Institucional. Psicopedagogia Clínica. Pedagogia na Ufes. Programação Neurolinguística. Professional & Life Coaching – IBC. Coaching Ericksoniano – IBC. Curso Coaching Vocacional. Leader Coaching – Ebracoaching. Master Coaching – Ebracoaching. Wizard Avatar - EUA. Master Avatar - Star's Edge – EUA. No mestrado realizou uma pesquisa sobre a influência das crenças limitantes na aprendizagem dos alunos.
Atua como *coach* de Vida, Profissional e Vocacional desde 2012, tendo realizado várias horas de atendimento. Especializada em desenvolvimento mental e emocional, tendo seu foco principal em crenças limitantes, que uma vez descobertas liberam todo processo de mudança.
Master Wizard Avatar com três formações nos Estados Unidos da América, curso de autodesenvolvimento humano, com foco em detectar e modificar as crenças que limitam o desenvolvimento pessoal e profissional, equipando o indivíduo com ferramentas para modificar as coisas que podem ser modificadas. Trabalha como Master Avatar para a Star's Edge Internacional. Coautora do livro "Aplicação do Coaching & Mentoring na Educação". Trainer em PNL.

Há cerca de 15 anos tive meu primeiro contato com o estudo de crenças num de curso de Programação Neurolinguística, fiquei fascinada pelo tema e mais tarde, ao fazer minha dissertação de mestrado, quis abordar este assunto mesmo sabendo que é um tema pouco discutido no universo acadêmico. Foram três anos de pesquisa teórica e de campo.

Realizei na ocasião uma pesquisa com alunos do ensino fundamental e médio, sobre como se sentem em grupos sociais, tais como os da família, de colegas e professores, e constatei as **crenças** que os alunos têm e a influência no seu autoconceito, com consequências na aprendizagem tanto para o sucesso quanto para o fracasso. Foram ouvidos também os professores sobre suas percepções e opiniões a respeito de crenças.

Depois veio o meu trabalho como *coach*, em que pude aliar todo este conhecimento, para apoiar pessoas a descobrirem as crenças que bloqueiam e levam ao fracasso, seja escolar, seja na vida.

Este artigo tem como propósito trazer este conhecimento sobre as crenças para o campo da educação, para ser utilizado como mais uma ferramenta, por alunos, professores e educadores em geral.

Muito se tem debatido sobre a qualidade do ensino, a qualidade das instituições, dos sistemas de ensino e avaliação. Contudo, o que mais interessa aqui é saber:

QUAIS OS FATORES QUE LEVAM O ALUNO A APRESENTAR FRACASSO ESCOLAR?

Para compreensão das dificuldades de aprendizagem envolvendo alunos, o ponto de partida é entender como estes aprendem, ou seja, a forma como são processadas as informações e tudo que envolve este processo chamado ensino-aprendizagem.

A experiência escolar tem papel crucial na formação da autopercepção dos alunos. Ao analisar as crenças pessoais e as autopercepções relativas ao autoconceito, é necessário considerar o complexo universo de influências a que os alunos estão submetidos e suas relações com o comportamento e resultados obtidos, especialmente quando se trata de alunos com dificuldade de aprendizagem.

Responda estas perguntas antes de continuar a leitura:

– Você sabe o que são crenças?

– Você consegue perceber que seus alunos têm crenças que os limitam ou ajudam?

– Você considera que os alunos possam ter autoconceito negativo ou positivo em função das crenças?

– Você acredita que as crenças possam ser modificadas?

O QUE SÃO CRENÇAS?

O conceito de crenças é antigo e há muito tempo que várias pessoas se preocupam em compreender o que é falso e o que é verdadeiro. Sempre se pensa em crenças no sentido de credo ou doutrina e muitas crenças o são.

Para simplificar prefiro dizer que crença é tudo aquilo que se toma como verdade. Qualquer coisa que você pensa que é, é apenas o que você está pensando sobre isso.

Durante toda nossa vida, o tempo todo, estamos criando conceitos sobre coisas, situações e pessoas, isso tem início na infância, quando recebemos um grande número de "primeiras" informações. Este é o resultado de impressões que registramos ao longo de nossa vida.

O QUE SÃO IMPRESSÕES?

São marcas deixadas em algo, pode ser uma pancada de um meteoro deixando como marca uma cratera ou algo mais invisível deixando marcas em nossa consciência.

As marcas de impressões podem ser sutis, quase imperceptíveis, ou poderosas e marcarem completamente a vida de uma pessoa, mas não são elas que influenciam em longo prazo, o que realmente influencia e modela a vida das pessoas são as histórias que são contadas para explicar estas marcas. Uma impressão é realmente o começo de uma história.

São os fatos que geram impressão e as histórias que contamos sobre estes fatos são as **crenças.**

As impressões podem vir de experiências "positivas", que geram **crenças úteis**, ou problemáticas que levam às **crenças limitantes**. É na infância e puberdade que são criadas as crenças a respeito de identidade, sexualidade e o que acreditamos sobre nós mesmos (autoconceito).

SOBRE APRENDIZAGEM

Antes de falarmos sobre crenças na aprendizagem vamos falar um pouco sobre aprendizagem.

Existem várias teorias que explicam a aprendizagem humana. **As dificuldades de aprendizagem** podem ser explicadas pelas limitações do indivíduo de processar ou utilizar as informações que recebe do meio, apresentando incapacidade de aprender, ler, escrever, calcular, conservar, reunir, classificar e abstrair.

O termo **dificuldade de aprendizagem** não pode ser usado como sinônimo de **distúrbio de aprendizagem**, pois implica postulações teóricas, políticas, metodológicas e educacionais diferentes, podendo levar o aluno a ser discriminado. E, assim, aprender e não aprender depende de um conjunto de fatores nada simples que ressaltam aspectos subjetivos das pessoas que aprendem e ensinam, além de fatores objetivos como: contexto familiar, emocional, relacional, educacional e pedagógico.

O que é dificuldade de aprendizagem então?

Um conjunto de transtornos que pode aparecer através de atrasos ou dificuldades na escrita, leitura, soletração e no cálculo, em um sujeito de inteligência normal ou superior e sem deficiências motoras, auditivas, visuais. Geralmente estas dificuldades não ocorrem em todas as áreas simultaneamente e podem se relacionar a problemas de comunicação, atenção, memória, raciocínio, coordenação, adaptação social e problemas emocionais. (Sisto)

Está ligada também à análise da instituição "escola" em seus diversos níveis, já que absorção de conhecimento do aluno depende de como ele recebeu estas informações, podendo desestimulá-lo do ponto de vista emocional.

CRENÇAS NA APRENDIZAGEM

As crenças limitantes que as pessoas formam ao longo de sua existência têm sido objetivo de estudos de muitos pesquisadores, principalmente na área da Psicopedagogia. Contudo, a escola não tem se dado conta do quanto elas (crenças) podem interferir na aprendizagem. Os professores e gestores escolares, muitas vezes, não têm conhecimento sobre esta questão específica, pois não estudaram esse assunto em sua formação inicial (Licenciatura) nem na formação continuada (em serviço).

Assim, as crenças que poderiam ser investigadas e, posteriormente, trabalhadas no interior das escolas, passam despercebidas.

Todos têm suas crenças e agem de acordo com elas. Em relação ao ensino-aprendizagem não é diferente. Professor e aluno agem em sala de aula conforme suas crenças, que muitas vezes auxiliam e outras atrapalham o processo cognitivo dos alunos.

COMO A ESCOLA E OS PROFESSORES VEEM SEUS ALUNOS

Conhecer o padrão de referência do observador é essencial para poder avaliar a veracidade de uma observação.

As pessoas possuem crenças e emitem juízos e avaliações, que refletem seus pensamentos e guiam suas condutas. Dessa forma, pode-se entender também que as crenças educacionais são aquelas manifestadas por professores e alunos, os quais têm suas convicções a respeito do processo ensino-aprendizagem e podem ser mostradas através de sua comunicação e comportamento. Considerando que o professor é um profissional que passa grande parte do seu tempo com alunos e por possuir crenças sobre sua profissão e seus alunos é de fundamental importância conhecê-las, já que elas influenciam essas ações.

A SENSAÇÃO DE INCAPACIDADE DOS ALUNOS É O RESULTADO DAS CRENÇAS QUE ELES TÊM SOBRE ELES

Existem estudos de vários autores sobre a relação entre crenças e sua influência no trabalho prático do dia a dia, nos quais verificam as previsões iniciais dos professores sobre seus alunos e a capacidade premonitória dessas previsões.

Uma pesquisa de Gama e Jesus (1994), sobre expectativas de educadores em relação ao desempenho escolar dos alunos de uma escola pública, revelou que os alunos considerados menos inteligentes por seus professores, aqueles de quem esperavam um desempenho final inferior, eram os que acabavam ficando reprovados. Constatando que os alunos se tornam "alvos" das crenças apresentadas por seus professores, e que estes também trazem suas próprias crenças adquiridas na família ou em outro convívio social. Por isso a necessidade de que estas crenças sejam reconhecidas e compreendidas pelos professores, para que possam ser substituídas por crenças que ajudem a acessar o seu potencial e o potencial do aluno.

DE ONDE VÊM AS CRENÇAS – ROBBINS (2008)

a) Ambiente

Para Robbins, o ambiente pode ser sozinho o maior gerador de crenças. No ambiente começam os ciclos de sucesso que produz sucesso e fracasso que produz fracasso. O pesadelo real de um ambiente de pobreza, violência física ou psicológica é o efeito que ele tem nas crenças e sonhos. Se tudo que se vê é desespero, fracasso e tristeza, fica muito difícil formar representações internas que levem ao sucesso. O ambiente não é o único gerador de crenças, senão viveríamos num mundo onde os pobres nunca ultrapassariam suas origens.

b) Eventos

Existem acontecimentos em nossa vida dos quais nunca se esquece. O ataque das torres gêmeas, para certas pessoas, foi um dia que alterou para sempre seu ponto de vista.

c) Conhecimento

O conhecimento mais permanente que existe são as experiências. Leitura e filme são formas de ver o mundo retratado pelos outros. É o conhecimento que ajuda a mudar crenças de um ambiente limitante.

d) Resultados passados

Para criar uma crença de que se pode criar algo, basta fazer uma vez, só uma vez. Acreditar que algo pode ser feito se torna uma profecia autorrealizadora, e acreditar que algo não pode ser feito se torna uma profecia limitadora.

e) Visão do futuro

Assim como as experiências passadas mudam as representações internas, acreditando-se é possível mudar as experiências, substituindo as crenças limitantes por crenças positivas.

O que determina a maneira de vermos o mundo são as representações mentais. Se uma pessoa tiver a crença "que não pode confiar nas pessoas", agirá de forma diferente do que agiria se acreditasse que são "dignas de confiança". Felizmente, por mais distorcidos que sejam os modelos mentais, há sempre a possibilidade de alteração.

COMO IDENTIFICAR UMA CRENÇA LIMITANTE

As crenças limitantes não são fáceis de serem identificadas, pois ficam numa camada mais profunda do subconsciente.

Existem várias técnicas para identificar crenças, compartilho aqui uma muito simples.

Identifique um desejo, coloque em seguida uma palavra que signifique um impedimento.

Faça suas perguntas e ouça as respostas, comece usando as orientações abaixo e depois você mesmo passará a identificar as crenças que o limitam a agir, e poderá usar também com seus alunos.

Ex.: Eu gostaria de....... (inclua seus desejos, objetivos)

Mas............... (complete com o que vier na sua cabeça)

Eu gostaria de ....

Mas não vai dar certo porque............

Observe que depois dos porquês aparecem afirmações que na verdade são as crenças limitantes, puros padrões que se repetem em sua vida, e são tomadas como verdades absolutas, são crenças construídas por experiências vivenciadas desde a infância.

À medida que se começa a identificar as crenças é como se abríssemos uma porta de acesso, e começam a surgir muitas outras crenças que estavam escondidas.

As crenças sobre o ensino-aprendizagem têm inúmeras implicações para o processo de aprendizagem e para a formação de professores. A primeira refere-se ao processo de permitir e incentivar a tomada de consciência de suas crenças, das crenças sobre o papel do professor, da escola, crenças dos alunos a respeito da escola, do que significa para eles estudar.

Para finalizar, vale salientar a afirmação de Barcelos (2001, p. 87): "Os estudos das crenças precisam ir além das simples descrição das crenças". (...)

É necessário entender como as crenças interagem com as ações dos alunos e que funções elas exercem em suas experiências de aprendizagem dentro e fora da sala de aula.

Diante destas afirmações e de tudo que foi exposto neste artigo, cujo principal objetivo é a busca de soluções que colaborem com a melhoria da qualidade do ensino-aprendizagem, fica como proposta um maior entendimento das crenças limitantes.

Percebendo esta realidade criei uma oficina pedagógica que será realizada tanto em escolas públicas quanto privadas no formato de Formação Continuada para professores e equipe pedagógica, objetivando conscientizar os educadores sobre a importância de conhecer e detectar as crenças limitantes dos estudantes, sendo uma forma de minimizar as **dificuldades de aprendizagem**.

Se quiser aplicar esta oficina em sua escola, ou conhecer e mudar suas crenças limitantes, basta acessar o site www.coachritacosta.com.br, para obter maiores detalhes.

REFERÊNCIAS BIBLIOGRÁFICAS

BARCELOS, A. M. F. Metodologia de pesquisa das crenças sobre aprendizagem de línguas: estado da arte. Revista Brasileira de Linguística aplicada, v.1, p.71-92, 2001.

JESUS, D. M.; GAMA, E. M. P. Desempenho escolar: sua influência no autoconceito e atitude em relação à escola. Cadernos de pesquisa da UFES – Vitória, 1991.

ROBBINS, A. Poder sem limites: o caminho do sucesso pessoal pela Programação Neurolínguística. 9ª ed. Rio de Janeiro: BestSeller, 2008.

Sisto, F. F., Boruchovitch, E. Fini, L. D. T., Brenilli, R. P. & Martinelli, S de C. (Org.). Dificuldades de aprendizagem no contexto pedagógico. Petrópolis, RJ: Vozes, 2001b.

Roseli Bacili Laurenti

15

A mudança de *mindset* para uma nova educação

(11) 99509-8255
roseli.l@uol.com.br
www.justcoaching.com.br
www.psiconous.com.br

Roseli Bacili Laurenti

Drª Psicopedagogia, Ms. Psicologia Educ. Formada em Psicanálise, Pedagogia e Ed. Artística. Mentoring & Coach Holo-Sistêmico ISOR – Psychological Coaching & Holomentoring - Módulo I, II, III e III Advanced. Além do trabalho clínico psicanalítico, psicopedagógico e *coaching*, atua como professora em cursos de pós-graduação. Trabalhou como profª e diretora das redes estadual, municipal e particular.

Livros publicados:
"Psicopedagogia: um modelo fenomenológico", São Paulo: Vetor, 2004.
"Aprendizagem por meio da narrativa". São Paulo: Vetor, 2006.
"Jogos imaginativos: o encanto da narrativa na prática cotidiana". São Paulo: Biblioteca24horas, Seven System Internacional Ltda., 2011.
"Escute-me, por favor! contribuição psicanalítica para educadores". São Paulo: Biblioteca24horas, Seven System Internacional Ltda., 2012.
"Virtudes: as sementes evolutivas para seu filho". São Paulo: Biblioteca24horas, Seven System Internacional Ltda., 2014.
Que nossas "obras" falem por nós por meio da espiritualidade e liderança. Coautora. In: "Liderança e Espiritualidade". São Paulo: Editora Leader, 2015.
Jornada de transformação e sonhos para empreender. São Paulo: Coautora. In: "Orientação vocacional & Coaching de Carreira". São Paulo: Editora Leader, 2016.

"Temos de nos tornar na mudança que queremos ver." Gandhi

A mudança do modelo mental depende de como você toma suas decisões, em seus sucessos e seus fracassos. A sua maneira de agir, de pensar, suas crenças, seus valores, suas opiniões e atitudes que prioriza, isso tudo tem a ver com seu *mindset*.

Podemos comparar o *mindset*, palavra hoje muito usada no empreendedorismo, com um mapa mental onde você configura a sua mente de forma a lidar melhor com os desafios da sua vida. No entanto, depende única e exclusivamente de você ativar as sinapses do seu cérebro para que a mudança ocorra e tenha uma vida de realizações, pois o sucesso vem de dentro e não de fora.

Importante também refletir sobre todas as crenças presentes, que você nem mesmo tem consciência de que elas existem, bem como as atitudes que toma favoráveis ou não, os valores que apresenta perante a família e a sociedade em que vive para assim poder superar os obstáculos que se apresentam e tornar sua vida mais saudável e feliz.

Desafio você, pai, mãe, educador a mudarem seu *mindset* para tomar decisões mais assertivas, realizando melhores escolhas para se tornarem os futuros agentes de transformação para a educação e para o mundo.

Para tanto, a frase inicial de autoria de Gandhi pode levá-lo a uma profunda reflexão, ajudando-o na mudança primordial que é conhecer-se profundamente, para poder SER e poder TER o que necessita e deseja na vida.

Ainda na frase... "tornar a mudança que queremos ver", um novo *insight* me ocorreu tão necessária, urgente e importante a mudança de *mindset* na educação. Hoje, as mudanças tecnológicas implementadas ocorrem rapidamente e percebemos que a educação está muito aquém das expectativas. Urge corrigir o rumo da mesma. Saber como devem ocorrer as mudanças não é uma tarefa fácil, mas precisamos estar atentos e saber exatamente o que deve ser feito para atingir as metas necessárias.

DESAFIO PRIMORDIAL, A FAMÍLIA

A decisão e a coragem de mudar farão com que você esteja pronto para buscar novos recursos para alterar a educação, quer seja no lar ou fora dele. Precisamos visualizar um projeto de mudança em curto e longo prazo e planejar exatamente "o que queremos ver" para mais facilmente atingir os objetivos.

Como fazer para realizar essa mudança em você e no próximo?

Como fazer para alterar os padrões arraigados anos a fio, nessa educação que ainda hoje se apresenta?

Como atrair pessoas que se juntem a nós com essas mesmas dores para que se chegue a uma transformação almejada?

Que passos significativos são necessários para que essa sonhada transformação possa ocorrer mesmo que seja primeiro dentro do lar para que se obtenham bons resultados?

Primeiramente, para alcançar o seu sonho deve se ter clareza sobre a prioridade que o levará mais próximo do seu objetivo. E para que essa situação possa ocorrer necessariamente deverá ocorrer a mudança de pensamentos e de hábitos contínuos, priorizando as verdadeiras ações.

Sabemos que nem todo mundo nasce com dons de educador, mas muitos pais e mães gostariam de ser ajudados em suas tarefas cotidianas, nessa difícil obra, da educação dos filhos.

Infelizmente, muitos pais se sentiriam desonrados se recebessem conselhos ou se estudassem a esse respeito. Pensam saber melhor do que ninguém o que é necessário para seu filho, porque decretaram serem infalíveis. Outros se alienam e não se interessam pelo assunto. Outros ainda estimam que as escolas estão aí para educar: confundem educação e instrução. Estes de fato precisam configurar suas mentes.

Qual papel nos cabe para que ocorram as transformações?

Outros acreditam serem incapazes de criar filhos e muitas vezes pedem conselhos a qualquer um, ou seguem modelos dos que estão à sua volta, ficando presos no "o que vão pensar". Sendo assim, é um fator decisivo nas tomadas de atitudes ditas "educativas".

Outros pais sabem muito bem opinar sadiamente em situações psicológicas quando se trata dos outros, mas com seus próprios filhos se decepcionam.

Mas, o que é educação? É o ato de criar, de formar uma criança, um jovem, de desenvolver suas habilidades psíquicas, morais e intelectuais. E todos os pais estão engajados nessas atribuições?

A educação tem um papel positivo, no entanto, nem sempre ocorre. A educação pode ser posta ao alcance de todos os que se emocionam diante da vida de uma criança para guiá-la em seu desenvolvimento individual e em sua adaptação à sociedade.

O SISTEMA ESCOLAR

Além do ambiente familiar, o sistema escolar, uma das áreas mais importantes da sociedade, também deve nutrir o ser das crianças em sua totalidade: corpo, mente e espírito, pois é fundamental para o crescimento e eficácia no processo de aprendizagem.

Nosso sistema escolar está caótico, com perspectivas sombrias, e a violência permanece. Atualmente, alimentamos a mente das crianças, mas não a alma delas. É hora de grande mudança. Precisamos nutrir nossas crianças e mudar nossas atitudes. Adotar diversos métodos de ensino para que as crianças se tornem indivíduos mais fortes em tudo que fizerem.

Crianças diferentes muitas vezes são obrigadas a deixar a escola por solicitação de alguns pais e até mesmo da direção. Quando não são aceitos e respeitados ocorre um desserviço não só para as crianças como para os familiares, comunidade e futuras gerações.

Mudança no ambiente e na estrutura do dia a dia pode fazer uma diferença radical no resultado do aprendizado da criança, bem como no comportamento delas.

COMO VOCÊ PODE APOIAR A CRIANÇA DE HOJE NA SUA MISSÃO DE VIDA?

Percebemos que um número cada vez maior de crianças precisa de orientação e nós neste caminhar muitas vezes nos sentimos incapazes de atuar com essas novas crianças para que possamos cumprir nosso propósito e provocar mudanças. Estejamos sempre alertas a uma força maior que unifica a todos: "o amor".

Essas crianças vieram para romper paradigmas e nutrir novas gerações. Elas são surpreendentes não só pelas ideias e talentos, mas até mesmo pelas diferenças apresentadas. E nós estamos preparados para atendê-las e entendê-las?

Incontáveis crianças recebem diagnósticos médicos de transtorno de *déficit* de atenção ou transtorno de *déficit* de atenção com hiperatividade. Infelizmente, esses rótulos são atribuídos a todos aqueles que não se encaixam na norma. E, pior ainda, muitas vezes, acompanhados de medicamentos que entorpecem os sentidos da criança.

Devemos aceitar as diferenças que as crianças trazem para o nosso mundo em forma de conhecimento, sabedoria, entendendo-as por seus talentos e escutando-as. E, no entanto, muitas crianças são ignoradas, desprezadas pelos professores e até mesmo pelos pais, pois são incapazes de reconhecer as diferenças dessas crianças.

Com essas atitudes, muitas crianças se tornam doentes ou assumem comportamentos inaceitáveis, com sofrimentos como se não pertencessem a este mundo. Essas crianças precisam ser estimuladas, respeitadas e valorizadas. Precisam de apoio e cuidados, pois quando se tem a sensação de se sentirem diferentes é sempre bom saber que não estão sozinhas.

Essas crianças apresentam personalidades marcantes, uma sabedoria além da sua idade, muitas delas destacam-se também pela coordenação motora acima das crianças de mesma idade.

A nossa sociedade precisa mudar a maneira como encara as crianças de hoje ou teremos um número cada vez maior delas apresentando problemas, em vez de causar mudanças positivas no mundo.

Se quisermos dar a essas crianças todas as oportunidades para serem plenas, nós pais, professores temos primeiro de mudar nossos pensamentos e isso exige que olhemos profundamente dentro de nós. Corpo, mente e espírito em perfeita integração. Somos seres capazes e é isso que precisamos mostrar às nossas crianças. Somos eternos modelos!

Precisamos, acima de tudo, dar amor, abraçá-las, travar diálogo e ouvir o que nos têm a dizer. Isso significa muito mais que atender as necessidades básicas. Significa dar a elas instrumentos emocionais, físicos, mentais e espirituais para que possam manter o equilíbrio interior. Elas precisam de orientação, pois não são ainda capazes de tomarem certas decisões.

Crianças precisam de rotinas para se desenvolverem. Essa rotina pode e deve ser estabelecida desde antes do nascimento. Como exemplo, podemos citar mães que com frequência leem ou contam histórias para seus filhos e após o nascimento continuam a fazê-lo. As investigações neurocientíficas recomendam que falar naturalmente com o bebê é altamente benéfico porque futuramente com maior facilidade poderão associar os sons aos significados, ativando também muitas áreas do cérebro e contribuindo ainda para um maior relacionamento com os pais.

Essa rotina deve ser estendida a todos os aspectos possíveis como a hora de dormir, do banho, do brincar, dos estudos, podemos incluir também o uso da televisão, dos *tablets*, dos computadores, celulares...

Outro aspecto muito importante e que merece muita atenção é estar atento aos estudos da criança. Como o faz?

A criança estuda diariamente as disciplinas trabalhadas?

O local de estudo é apropriado? Possui muitos estímulos?

Você, pai, inspira segurança e prazer por transmitir o conhecimento e tem grandes expectativas com seu filho?

Como seu filho aprende? Com atenção focalizada ou com atenção periférica? A atenção periférica pode ser incrivelmente potente ao foco da atenção, podendo ocorrer também uma poderosa atenção seletiva, possibilitando abstrações totais do entorno. Na atenção periférica podemos exemplificar as crianças que gostam de ler e estudar escutando músicas.

Tenho visto algumas disfunções em crianças, principalmente as mais velhas, devido à falta de rotina, pois muitos pais dão liberdade total para que as crianças tomem suas próprias decisões, sem orientação para nortear essa liberdade e muitas delas terminam paralisadas sem saber o que fazer.

Muitos pais sentem-se solitários na situação em que vivem. Importante a realização de redes de trocas, pela *internet*, ou palestras com profissionais que possam esclarecer dúvidas e contribuir com os familiares.

PAIS: NOVOS EDUCADORES

Como educar os filhos para serem o melhor de si mesmos?

Estudos apontam que os pais devem ter uma visão evolutiva para entender como funciona a mente criativa de uma criança, e que devem prestar muita atenção para ajudá-los a ter relações sadias consigo mesmos e com os outros.

Os educadores, pais e professores devem prestar muita atenção para tomarem decisões apropriadas a partir do desenvolvimento real das crianças, não importando a idade que tenham, e de fato serem guias, suportes e não guardiões das crianças, para que elas encontrem seus próprios caminhos e sejam naturalmente elas mesmas.

Hoje a educação caminha a passos gigantes devido à evolução impulsionada pelos novos descobrimentos da ciência em relação ao funcionamento do cérebro. Uma grande oportunidade aos pais de sintonizar melhor com seus filhos nos aspectos afetivo, educativo e prático.

Educar em sintonia com o cérebro é mais do que nunca uma necessidade, porque há uma grande porcentagem de alunos que não assimilam o conteúdo fracionado. Nesse sentido uma educação integradora é muito importante.

Os pais devem estar mais atentos pelas necessidades mostradas pelas investigações tanto da neurociência cognitiva, neuroquímica, neuropsicológica apoiadas em outras áreas como a pedagogia, biologia, a psicologia... convergindo assim de maneira mais efetiva com os avanços do conhecimento do cérebro. A neurociência conseguiu demonstrar que aos realizarmos mudanças mentais e, principalmente, emocionais podemos transformar a arquitetura do cérebro.

A descoberta de que o cérebro trabalha com redes neurais e neurotransmissores em permanente atividade, com milhares de neurônios armando redes de informações em milésimos de segundo, formando um sistema de comunicação entre elas - denominado de sinapses -, nos leva a um objetivo principal, o de pensarmos de forma diferente, pois o cérebro aprende o tempo todo.

Nesse sentido, um maravilhoso desafio é apresentado aos pais para participar ativamente de uma nova educação, rompendo assim com a educação arcaica e com as receitas mágicas.

Educar implica informar-se, saber, conhecer, observar e escutar.

Os filhos já não podem ser vistos como uma soma de problemas que os pais devem resolver em menor tempo possível, para seguir o ritmo de uma sociedade cada vez mais veloz.

Hoje se faz necessário entender o que se passa internamente no cérebro. Crianças e adolescentes nos mostram que aprendem mais facilmente quando os pais demonstram ter conhecimento de como funciona o cérebro e educam em sintonia com ele.

Somos a espécie mais dependente de nossos progenitores, pois amadurecemos lentamente e nosso cérebro incrivelmente não tem outra opção senão aprender durante muitos anos de quem nos cuida, possibilitando guardar todas as experiências do ambiente que foram impactadas, sejam elas positivas ou negativas.

Sabemos também que as experiências que foram intensas afetam emocionalmente e podem ser modificadas pela plasticidade cerebral que possibilita ao cérebro adaptações pelas experiências vividas.

Com essa descoberta de o cérebro ser plástico coloca em uma dimensão superior a importância da aprendizagem, no entanto, o papel dos pais, dos educadores e em especial dos programas educacionais dedicados às crianças é de suma importância.

Com experiências adequadas, a plasticidade cerebral possibilita grandes avanços até mesmo em crianças afetadas por patologias neurológicas adquiridas mesmo antes do nascimento, pois a parte sã do cérebro pode ajudar na parte afetada, auxiliando e melhorando a qualidade de vida.

Isso nos mostra ainda mais a necessidade de os pais estarem cada vez mais implicados na aprendizagem dos filhos, nas diferentes etapas do crescimento, abrindo assim uma possibilidade educativa que ajude definitivamente a tendência de assinalar as deficiências, o fracasso escolar, pois está demonstrado que a tarefa do cérebro é aprender.

Infelizmente, os educadores, tanto os pais como os professores, muitas vezes reduzem suas procuras em detectar equívocos e acima de tudo assinalá-los. Porém, isso pode ser fascinante desde que seja bem aproveitado, pois hoje sabemos que cometer erros é importante para o caminho da evolução e da criatividade.

Quem não erra não faz nada de original.

Pais que dizem mensagens destrutivas aos filhos destroem a autoestima, a inteligência e também freiam a criatividade. Esses pais podem ser levados a conhecer o novo processo mudando também sua mente.

Hoje, com a descoberta dos neurônios espelho permite-se comprovar como o cérebro está preparado para imitar e ativar positivamente, esse processo se dá por meio do acolhimento, do amor, da empatia e dos cuidados, levando as crianças e adolescentes a serem mais felizes.

Comprovou-se também que os neurônios espelho permitem que a felicidade contagie. Uma pessoa feliz aumenta a felicidade dos que estão no seu entorno, sendo muito eficaz ao cérebro e para os aprendizes.

Pais, todos esses descobrimentos nos levam ao privilégio de estarmos atentos aos ensinamentos que devemos ter com nossos filhos, ensinando-lhes o amor, a empatia, o equilíbrio, a escutar, a praticar meditação... possibilitando que as crianças sejam mais focadas, relaxadas mediante uma nova forma de educação.

Importante lembrarmos que a inteligência há tempo deixou de ser medida unicamente pela cognição, pelo cociente intelectual, com a descoberta das inteligências múltiplas, segundo Howard Garden definidas como: linguística, lógico-

-matemática, visual, espacial, musical, corporal, interpessoal, e outras ainda que podem nos surpreender.

Nesse sentido, compreender nossas crianças e entendê-las mediante seus talentos e suas habilidades naturais e ajudá-las a perceber suas capacidades naturais permite que se sintam satisfeitas e fundamentalmente plenas, interiormente. É exatamente desse espaço interno e autêntico que se descobre o verdadeiro prazer, a verdadeira motivação, que as fazem brilhar, mesmo que as notas dessas crianças brilhantes nos digam o contrário!

Os pais são os melhores agentes para ajudar os filhos a encontrar a chave mágica que os ajudarão a alcançar o que imaginam ser impedindo assim que os estudos diminuam os seus recursos criativos. Um trabalho educativo que ajude, sintonize e promova mais o que ele é ou são.

Nesse sentido, necessitamos de pais inovadores para uma sociedade que põe interesse especial nas descobertas da Neurociência e que possam assumir serem verdadeiramente colaboradores da aprendizagem devido à complexidade social que temos presenciado. A sobrevivência da espécie humana depende dos vínculos, das interações sociais, da interconexão global. Um novo desafio para preparar os nossos filhos para conviver cada vez mais com pessoas diferentes mesmo que se trate de conexões do mundo virtual.

Educar é um ato de amor, paciência, compaixão, contenção mediante os limites, bons tratos... implica também ter consciência de que o cérebro é um ato dinâmico, modulado por vivências, experiências e um desenvolvimento biológico. No entanto, as crianças e adolescentes têm um modo único e pessoal de absorver as informações, de processá-las, de compreender a realidade e de transformá-la. Devemos dar-lhes a oportunidade de viver em um mundo melhor e sentir que podem colaborar também, mesmo que de modo único.

TEU FILHO TEM UM ÚNICO MODO DE APRENDER?

A educação ainda pensa que todas as crianças têm de aprender da mesma maneira a idades similares, porque o cérebro é um órgão igual para todas as pessoas, para guardar informações, de onde as aprendizagens são compartimentadas e que não há uma inteligência interativa.

Aplicar a criatividade na infância e na adolescência traz grandes benefícios e vantagens tanto para o estudo da língua quanto da matemática.

Sabemos que durante atos criativos as emoções são exercitadas. E, projetando e exteriorizando as emoções, eles aprendem a ordená-las, montando assim o foco da atenção.

Ao colocarmos uma ideia ou fantasia no mundo real todo o corpo se implica, fica relaxado em uníssono com a obra, possibilitando assim a unidade entre mente e corpo.

Importante ressaltar que a pessoa aprende a partir de seus próprios recursos e nesse sentido precisamos entender que as crianças e adolescentes que apresentam mau desenvolvimento no hemisfério direito podem processar as informações de modo distinto.

Hemisfério direito é o da criatividade, das sensações, dos sentimentos, intuição, habilidades visuais, sonoras e não verbal. Porém, o hemisfério direito ajuda o hemisfério esquerdo a captar com facilidade as informações devido à grande capacidade para matizar detalhes. O corpo caloso que se encontra entre ambos os hemisférios tem a função de trocar e integrar informações entre os dois hemisférios.

As crianças que têm o cérebro direito mais desenvolvido preferem estudar de forma mais visual e os pais podem despertar interesse pelos problemas matemáticos valendo-se de desenhos para compreender o enunciado.

Importante também trocar aspectos mais abstratos por ideias de mais utilidade, como aplicar na vida cotidiana, ajudando-as com exemplos concretos.

Ambos os hemisférios necessitam interagir para criar uma mente que funcione.

A nossa cultura privilegia mais o hemisfério esquerdo e educa mais nessa direção. Na primeira infância é que se trabalha mais a arte, o desenho, a dança e, logo após, caminha-se para o abstrato. Nesse sentido, muitos jovens criativos são excluídos e estigmatizados, como sendo menos produtivos, menos inteligentes... sem se dar conta de que a criatividade é uma das ferramentas mais importantes para a sociedade, em especial a digital.

A neurociência tem demonstrado que a emoção e a aprendizagem são inseparáveis. Portanto, o ambiente emocional como também a má alimentação dificultam o processo de aprendizagem, pela razão de que toda a informação sensorial que recebemos em nosso meio passa, primeiramente, pelo cérebro emocional, pelo sistema límbico, para depois ser processada cognitivamente.

Então, educar em sintonia com o cérebro é muito importante porque somos seres sociais: uma carícia, uma palavra positiva permite que as crianças aprendam melhor; acordá-los calmamente, dizer-lhes palavras acolhedoras, ensinar-lhes a acalmar a mente, mostrar-lhes que as pessoas não são excelentes em todas as inteligências, no entanto, o maior destaque deve ser atribuído no que elas são mais talentosas.

Essas crianças precisam ser ouvidas e respeitadas mesmo quando não conseguimos entender as experiências delas. A maioria das crianças que passa por dificuldades vive em lares desfeitos, problemáticos, onde faltam diálogo e bons hábitos diários, nos quais membros da família são ocupados demais para prestar atenção uns nos outros.

Tenho percebido que crianças mais estáveis e mais felizes são educadas por pais firmes, justos. As crianças sentem a necessidade de que lhes imponham limites.

Um segredo que todos os pais necessitam conhecer – limites – para serem assertivos, determinados. E, para isso, precisam ser competentes e muitas vezes mudar o *mindset* de sua aprendizagem, isto é, alterar o como aprendeu, esquecer dos modelos anteriores. Isso pode levar algum tempo, porém, colocar em ação se faz necessário, e acima de tudo ser persistente!

É hora de uma grande mudança. Se quisermos que nossa sociedade evolua de modo a beneficiar a todos. É hora de nutrirmos nossas crianças e mudarmos as nossas atitudes. A hora é agora!

OS PROBLEMAS DE HOJE DEVEM SER RESOLVIDOS HOJE!

REFERÊNCIAS BIBLIOGRÁFICAS

Dolto, Françoise. Os caminhos da educação. São Paulo: Martins Fontes, 1998.

Eyre, Linda. Ensinando valores a seus filhos: um dos maiores presentes que você pode dar aos seus filhos é uma forte noção de valores pessoais. Rio de Janeiro: Ediouro, 1995.

Rodriguez, Nora. Neuroeducación para padres. Barcelona, Espanha: Zarana Agência Literária, 2016.

Laurenti, Roseli Bacili. Aprendizagem por meio da narrativa. São Paulo: Vetor Editora, 2006.

_____ Escute-me por favor! contribuição psicanalítica para educadores. São Paulo: Biblioteca24horas, Seven System Internacional Ltda., 2012.

_____ Jornada de transformação e sonhos para empreender. São Paulo: Coautora. In: Orientação vocacional & coaching de carreira. Editora Leader, 2016

_____ Virtudes: as sementes evolutivas para o seu filho. São Paulo: Biblioteca24horas, Seven System Internacional Ltda., 2014.

Tolle, Eckhart. O poder do agora: um guia para a iluminação espiritual. Rio de Janeiro: Sextante, 2002.

Sílvia Angélica Wagner

16

A família como base da educação

(35) 99100-0506
sangelicawagner@hotmail.com
www.iguaisavoce.com.br

Sílvia Angélica Wagner

Pedagoga, *coach* e mentora, especialista em Inteligência Emocional e analista comportamental com certificação internacional pelo Instituto Advento; especialista em gestão de conflitos de pessoas no relacionamento familiar.
Casada, tem um casal de filhos, é palestrante e autora do livro "Um Minuto, dicas que podem mudar sua vida".

Famílias com base sólida geram filhos seguros

Neste capítulo vamos abordar a importância da participação da família como base no desenvolvimento educacional do aluno. Através do processo de Coaching vamos descobrir o que te move e quais são os seus valores de vida, e que se forem adotados alcançarão um resultado de satisfação, realização e plenitude nessa relação família/aluno.

Observamos que a educação se dá nas relações entre as pessoas e na interação com o meio em que vivem, e a família é o primeiro ambiente de socialização da criança. "[...] É no lar que a educação da criança deve iniciar-se. Ali está sua primeira escola, ali tendo seus pais como instrutores, terá a criança de aprender as lições que a devem guiar por toda a vida – lições de respeito, obediência, reverência e domínio próprio. (WHITE, 1994, p.107).

Por outro lado, a escola constitui-se como um espaço adequado e formal em que os alunos recebem uma educação diferenciada por transmitir saberes científicos, valores éticos que "complementam" os ensinamentos recebidos pela família. Diante disso, a escola precisa estabelecer uma "boa" relação com a família para que as ações educativas tenham sucesso e relevância para os alunos. (CUNHA, 2003).

Segundo Libâneo (1994), quando a família está envolvida no processo de escolarização dos filhos, estes se sentem mais seguros ao desenvolverem suas atividades, demonstrando empenho e responsabilidade. Os filhos participam com entusiasmo, pois sabem que há pessoas zelando por sua integridade física e emocional.

O conceito de família composta por um pai, mãe e filhos surge, segundo Szymanski (2007), no modelo de família nuclear burguesa onde a mulher tinha o papel de educar e cuidar dos filhos enquanto o homem tinha a função de provedor. Com o passar dos anos, com as transformações sociais que aconteceram criou-se um novo núcleo familiar, um novo pensamento a respeito da formação da família.

Estudos revelam que nos anos 90 o conceito de família teve transformações e os autores Carvalho e Almeida (2003) mostram que o conceito de família é polissêmico, referem-se ao núcleo familiar básico e restrito e ao núcleo amplo que envolve grupos de indivíduos com vínculos sanguíneos, consensuais ou jurídicos. Também destacam que, com o passar dos anos, as transformações sociais que aconteceram devido aos salários baixos, aumento de desemprego, a industrialização e urbanização produziram crenças em torno de um novo núcleo familiar, deixando de considerar o modelo nuclear burguês como ideal.

Para Carvalho e Almeida (2003), as famílias buscam a todo tempo atender as necessidades de seus membros. Segundo eles, a partir do momento em que houve uma queda do poder patriarcal e de alguns princípios e até mesmo situações religiosas, contextos comunitários e situações que deixaram de ser "tradicionais", produziram-se grandes mudanças nas relações entre os componentes da família. Isso gerou situações de liberdade de expressão, liberdade para se falar em sexualidade e então acontece a dissociação das responsabilidades de reprodução que até então eram impostas e determinadas pela cultura.

De acordo com Carvalho e Almeida (2003), outro fator que contribuiu para mudanças de estratégia familiar foi a necessidade da saída das mulheres para alcançar o mercado de trabalho. No desejo de obter condições melhores para os componentes da família e em grande parte para garantir a sua sobrevivência, estas abriram mão de sua estada em casa e com isso a estrutura familiar sofreu modificações. Sendo assim, as crianças precisam ir para a escola, ou ficarem sozinhas ou por conta de babá (para famílias que têm um nível econômico mais favorável), ou de algum parente ou até de vizinhos.

Na nossa perspectiva, em nossas sociedades ocidentais, é primordial para o ser humano estabelecer a relação com a família, pois como instituição social vai dar sustentação, formação cognitiva, social, moral e religiosa ao indivíduo. Acreditamos que é no seio familiar que a criança aprende a se relacionar, concretizar ações e sonhos, a ter respeito, comportamento, responsabilidade, honestidade, humildade, companheirismo, disciplina, sentimentos, emoções e troca de saberes.

Cada sociedade tem seus conceitos, paradigmas e crenças. É importante que os pais ou responsáveis envolvidos no ensino-aprendizagem estejam cientes da importância de transmitir os conhecimentos e valores existentes e mais, que busquem concretizar essas ações o tempo todo.

É no contexto familiar que a criança se desenvolve. É importante destacar que o convívio familiar interfere no desenvolvimento psicossocial da criança.

Independentemente do modelo idealizado ou formação atual, acreditamos que a família é importante na educação da criança, pois é nela que a criança se constituirá. Para Szymanski (2007), a família "[...] é uma das instituições responsáveis pelo processo de socialização realizado mediante práticas exercidas por aqueles que têm o papel de transmissores – os pais – e desenvolvidas junto aos que são os receptores – os filhos".

Por outro lado, a família divide com outras instituições a educação da criança, e a escola é uma delas, pois como instituição social tem um papel fundamental na formação educacional e social dessas crianças.

Para Saviani (2005), a especificidade da escola é ensinar conceitos, valores, atitudes, hábitos, ideias e outros elementos necessários à formação de cada pessoa. É nesse sentido que acreditamos na necessidade de os docentes atuarem de maneira que o aluno se aproprie do saber escolar. É importante também a escola conhecer e considerar a estrutura familiar da criança para trabalhar sem preconceitos, colocando em prática a inclusão social que é tão necessária e fundamental para o ser humano.

Consideramos que cabe às famílias e à escola participar no processo de formação das novas gerações, entendendo que o ser humano é uma unidade a ser trabalhada harmonicamente em suas áreas distintas nos aspectos físico, mental, emocional, social e espiritual. Por isso, a importância dessa base familiar para que o aluno viva de forma segura, sabendo que em casa ele terá o suporte necessário para seu desenvolvimento.

Baseado na reflexão acima, neste momento quero fazer uso do Coaching, que é um processo que ajudará você a sair do estado atual, desbloqueando sua mente para alcançar o ponto desejado com satisfação e produzindo mudanças positivas e duradouras que potencializarão a educação do seu filho.

Como está seu filho hoje na área da educação?

Como você o imagina daqui a cinco ou dez anos?

Pra começar vamos primeiro saber quais são os seus valores de vida como pai/responsável. Pegue uma folha de papel e escreva:

• Quais são os seus valores?

• O que é importante para você?

• Quais são seus objetivos de vida?

• O que você ganha ao alcançá-los?

• Agora se tivesse de escolher as cinco coisas mais importantes na sua vida, quais seriam? Escreva-as em ordem decrescente de prioridade.

• Destes cinco valores que você enumerou imagine que algo muito terrível te aconteça e você terá que perder dois deles, risque na sua folha os dois valores que você deixaria.

• Agora classifique os três que ficaram em ordem de importância.

Sua família está nesta relação dos três valores mais importantes da sua vida? Você está vivendo com base nos três maiores valores que escolheu? Suas decisões estão sendo tomadas pelos seus valores? As pessoas estão vendo estes valores em você?

Vou fazer algumas perguntas pra ver se suas ações referentes ao aprendizado do seu filho estão na direção correta e se está engajado na educação dele de acordo com seus valores de vida.

• Você conhece a escola onde seu filho estuda?

• Conhece a Filosofia e ensinamentos da instituição?

• Conhece as leis e direitos já existentes e reivindica melhores trabalhos dos profissionais da escola em relação ao seu filho?

• Conhece o corpo docente?

• Acompanha sua agenda de aulas, provas, trabalhos, passeios escolares, boletim escolar?

• Ajuda nos deveres de casa?

• Quem são os colegas de classe com quem seu filho está se relacionando?

• Tem interagido com as famílias que são amigas de seu filho?

• Seu filho está emocionalmente seguro?

• Possui uma boa autoestima?

• Está fazendo alguma atividade física?

• Tem adotado um estilo de vida saudável se alimentando bem, fazendo uso da água, dormindo adequadamente, praticando exercício físico, exercitando-se em meio à natureza para sentir o ar puro e a luz solar?

• Sabe dos seus anseios, sonhos e objetivos?

• Tem acompanhado as reações dele (a) diante dos dilemas do dia a dia?

• Tem avaliado o seu comportamento tanto na escola quanto em casa?

• Conferiu seus objetos escolares? Ou ele traz para casa coisas que não lhe pertencem?

• Está dormindo bem ou está perdendo o sono por ansiedade e insegurança porque não está bem em alguma disciplina?

• Seu filho está tendo alteração de humor? Se sim, sabe por quê? Precisa saber em que fase da vida ele está para entender o porquê dessa oscilação no humor.

- Qual o tempo que você está passando com seu filho (a)? A qualidade do tempo é muito importante e o que você faz durante esse período também.
- Você está sendo paciente, tolerante e agindo com amor?
- Você tem estudado o caráter de seu filho? Ele é honesto? É verdadeiro ou mentiroso? É amável, humilde, educado, calmo?
- Tem domínio próprio? Sabe esperar quando não pode ser atendido no momento?
- Ele tem um quadro de horário com as atividades diárias? Horário pra dormir, acordar, desjejum, almoço, jantar, banho, escola, leitura, estudo de instrumento musical, aula de Inglês, se distrair no computador, assistir TV, brincar com os amigos, passear, se divertir, ir à igreja, atividade física, horário livre?
- Conversa com seu filho no final do dia e faz uma avaliação do que aconteceu e o que pode ser melhorado?
- Dá ênfase nos pontos positivos que ele tem?
- Parabeniza-o mesmo não tirando a melhor nota?
- Tem motivado seu filho a estudar para ser o número um da turma?
- Seu filho sente prazer e vontade de estar em casa com a família?
- Ele compartilha com você situações, assuntos ou momentos que passou na escola?
- Você tem sido amigo dele (a)?
- Você tem suprido suas necessidades básicas? Alimentação, moradia, educação, vestimenta, carinho, amor, respeito e companheirismo?
- Seu filho tem ajudado nos trabalhos domésticos? Seja recolhendo o lixo, alimentando o animalzinho de estimação, enxugando e guardando as vasilhas, guardando os brinquedos, mantendo a cama arrumada e o quarto organizado?
- Ele se sente seguro no ambiente familiar?
- Seu filho confia em você?
- Ele está feliz?

Filhos precisam de pais que lhes apontem o caminho, que corrijam, que lhes deem atenção, respeito e amor.

É necessário tirar tempo para refletir sobre como está a nossa vida e de nossos filhos. Agora que você já está ciente de seus valores de vida e refletiu sobre suas ações com respeito ao tempo e educação de seu filho, é só colocar em prática. Tenho certeza de que você se sentirá um pai que ama e que se preocupa com a formação e desenvolvimento do bem mais precioso que você recebeu, seu filho.

Lembre-se, quanto mais decisão você tomar em cima dos seus valores, mais feliz você será. Estou torcendo para que você e sua família sejam felizes e tenham dias produtivos!

REFERÊNCIAS BIBLIOGRÁFICAS
CARVALHO, Maria Moreira de; ALMEIDA, Paulo Henrique de. São Paulo em perspectiva: Família e proteção social. São Paulo, 2003.
WHITE, Ellen G. Conselhos aos professores, pais e estudantes. Tatuí, SP: editora Casa Publicadora Brasileira, 4ª ed., 1994.
CUNHA, M. V. A escola contra a família. In: LOPES, E.M.T.; FARIA FILHO, L.M.; VEIGA, C.G. (org.). 500 anos de educação no Brasil. Belo Horizonte: Autêntica editora, 3ª ed., 2003.
FARIA FILHO, Luciano Mendes de; GONDRA, José. História, infância e escolarização: Na relação escola – família, a criança como educadora: um olhar sobre a escola nova em Minas Gerais. Rio de Janeiro, 2002.
WHITE, Ellen G. Conselhos sobre educação. Tatuí, SP: editora Casa Publicadora Brasileira, 2ª ed., 1994.
LIBÂNEO, José Carlos. Didática. São Paulo: Cortez, 1994, p. 261.
SAVIANI, Dermeval. Pedagogia histórico-crítica: primeiras aproximações. Sobre a natureza e especificidade da educação. 9ª ed. Campinas, SP: Autores Associados, 2005.
WHITE, Ellen G. Orientação da criança. Tatuí, SP: editora Casa Publicadora Brasileira, 6ª ed., 1993.
SZYMANSKI, Heloísa. A relação família/escola: Desafios e perspectivas. 2ª ed. Brasília: Líber Livro, 2007.

Vânia Goulart

17

A escolha profissional

www.vaniagoulart.com.br
www.selecta-es.com.br

Vânia Goulart

Mestre em Administração Estratégica pela FUCAPE. Especialista em Psicologia Organizacional e do Trabalho. *Coach profissional* pelo Personal and Professional Coaching com Certificação pelo ICI - Integrated Coaching Institute, Sênior Coaching Program com Certificação e Coaching de Carreira também pelo ICI e Formação em GEN - Gestão Estratégica com Neurociências pela TAI Consultoria. Psicóloga formada pela Universidade Federal do ES. Docente acadêmica nos cursos MBA em Gestão de Pessoas da Fundação Getúlio Vargas – FGV. Atua como diretora-fundadora da SELECTA, colunista do Jornal Metro e da Rádio Band News FM – ES.

Fazer sua escolha profissional na adolescência, com 17 anos, definir o que irá fazer em toda sua vida é realmente um tarefa difícil. Saber qual curso escolher e depois dessa escolha definir o que fazer com todo esse conhecimento, como colocá-lo em prática, em muitos casos gera, além de muita ansiedade, algumas frustrações. Quando um adolescente define sua escolha na faculdade, busca encontrar satisfação nessa escolha e através dela poder ser bem-sucedido profissionalmente. Nessa opção, um dos problemas que ocorre é ter de fazer essa opção sem possuir uma orientação que possa conduzir ao êxito. Muitas vezes essa etapa pode evitar alguns problemas maiores posteriormente. Essa orientação pode evitar frustrações maiores, além de rapidez em retorno direto. São muitas informações para se tomar a decisão, o difícil é realmente definir qual conceito é mais correto para respaldar esse imprescindível passo em sua carreira. Será que seguir a opinião dos familiares é melhor? Seguindo um caminho que já está trilhado terei menores obstáculos? Será que optar pela profissão que remunera mais me fará ser bem-sucedido? Quais são minhas outras opções?

A PSICOLOGIA POSITIVA

Responder a todas essas perguntas requer muita tranquilidade, mas o mais importante é saber que as respostas a todas essas dúvidas estão bem dentro de você. Optar por seu talento, escolher sua preferência. Um dos primeiros paradigmas que se precisa levar em consideração é o conceito da Psicologia Positiva. Com ela como determinante de sua escolha posicionando-o será completamente diferente. Segundo essa nova abordagem, as competências positivas, pontos fortes, devem ser a base da nossa escolha, ao invés de perder tempo nos preocupando apenas com as fraquezas, ou aquilo que o outro possui.

Dizem que a Psicologia Positiva surgiu em 2008, quando Martin Seligman desafiou a comunidade a buscar uma Psicologia que não mais olhasse para as deficiências, mas sim para as forças e virtudes. Outros afirmam que estava muito antes ligada à Psicologia humanista. O foco da Psicologia Positiva é das emoções, forças e vivências que podem conduzir à felicidade. É uma verdadeira mudança de rumo em busca de se ocupar com potencialidade e não fraquezas. Esse ainda não é algo totalmente aproveitado e entendido por todos. Nossas experiências mostram que quando se inicia a construção de um conhecimento mais sustentado, como o ingresso no ensino superior, o aluno começa a gerir sua carreira, assim a potencialidade de sucesso cresce muito. Buscar ser feliz em sua carreira é sempre o desejo de todos. Entretanto, a busca de felicidade naquilo que produz começa mais forte com a entrada da geração Y no mundo do trabalho. Os jovens dessa geração já não mais trabalham em busca só de boas remunerações, precisam sentir-se úteis para se comprometerem, tem um propósito atrás deste processo.

PROCESSO DE GESTÃO DE CARREIRA

O diferencial das pessoas bem-sucedidas está em gerenciar sua carreira, o que possibilita uma assertividade maior. Esse também já é um diferencial que em alguns cursos superiores vem acontecendo. Para entender um pouco mais sobre a gestão de carreira iniciando no ensino superior, algumas reflexões são necessárias. A primeira delas é alinhar talento com motivações. Para isso, um bom processo de avaliação e direcionamento de expectativas faz-se fundamental.

Uma grande inovação é a utilização de uma ferramenta para mapear os potenciais de cada indivíduo. A ferramenta escolhida em nossa experiência foi o L.A.B.E.L. (Lista de Adjetivos Bipolares em Escala de Likert). Tal instrumento é utilizado mundialmente nos processos de mapeamento de perfil, em especial em processos de Coaching, pois se assenta na possibilidade de uma avaliação mais próxima da realidade, gerando um diagnóstico mais fidedigno para os *coachees*.

A AVALIAÇÃO

O L.A.B.E.L. permite mensurar de forma qualitativa e quantitativa os pontos fortes de um indivíduo, além de suas motivações intrínsecas, podendo assim ser peça fundamental na tomada de decisão sobre as escolhas. Seus resultados mostram como o indivíduo "é" em sua essência. Na avaliação L.A.B.E.L., o primeiro critério de utilização ou interpretação dos resultados é o de validação das respostas do sujeito. Assim, antes de analisar os resultados sobre o sujeito como se esses fossem verdadeiros, faz-se necessário observar o item de validação das respostas, ou seja, verificar se o teste foi respondido de forma coerente, fidedigna e aceitável, visto que os maiores problemas advindos da aplicação de testes psicológicos estão em sua validação e utilização de forma apropriada com a população (NORONHA, 2002). Uma ferramenta que veio facilitar o autoconhecimento e a possibilidade de se destacar onde suas forças são maiores. A avaliação psicológica tem feito a sua contribuição de maneira bastante significativa.

A experiência de utilização dessa ferramenta no Brasil começou em 2004, já em processo de Coaching, apoiando cada um a fazer escolhas e serem, por conseguinte, mais felizes em suas definições. São em média 12 teorias que embasam o teste e todas elas convergem para a obtenção de informações referentes ao relacionamento, autonomia, estilo de liderança, método de trabalho, entre outras. O que permite ao psicólogo se apropriar da informação que melhor lhe aprouver. Diante desses resultados torna-se possível propor ações mais direcionadas e customizadas ao objetivo esperado pelo *coachee*.

Nessa avaliação, e como resultado das competências distintas em cada área de destaque do aluno, identificam-se os pontos fortes e prepara-se o desenvolvimento das competências em prol do seu destaque. Para começar, vamos ao entendimento de competências para esse trabalho.

Não existe um único conceito de competência. Em geral, o termo envolve a aplicação prática de conhecimentos, aptidões, habilidades e valores com foco na obtenção de resultados. "Ter conhecimento e experiência e não saber aplicá-los em favor de um objetivo, de uma necessidade, de um compromisso significa não ser competente" (RESENDE, 2000, p. 32). Outro conceito destacado por Fleury e Fleury (2001) é a competência, como combinação entre conhecimento, habilidade e atitude, fundamentada na inteligência e na personalidade das pessoas.

Perante os conceitos de competência e do instrumento escolhido para aferir a personalidade do estudante, pode-se combinar o potencial aferido com as competências exigidas pelo mercado e diante disso construir as metas e a estratégia de carreira mais eficazes em sua trajetória. O processo facilita o autoconhecimento e o desenvolvimento do comportamento mais adequado ao resultado almejado. A partir desse processo de autoconscientização e ajuste de expectativas é possível desenvolver mecanismos que possam sustentar uma carreira mais equilibrada.

Posteriormente, o processo de planejamento de carreira: inventário do passado, exploração do presente e planejamento do futuro. O objetivo final é construir um plano individual, composto por um quadro de metas com prazos específicos. Seria muito bom poder compartilhar aqui toda minha experiência e *cases* de sucesso, contudo, como o espaço é restrito, finalizo este capítulo com um constructo das ações essenciais para uma boa gestão de carreira.

PASSOS

Como já falei, uma carreira, como o próprio nome diz, é um carro que precisa de comando e uma estrada para poder percorrer sem muito desgaste, até porque o mundo está cada vez mais competitivo e exigente. É preciso usar todas as suas forças para se destacar e ser reconhecido nesse mercado profissional. Para reflexão com cada estudante, descrevo abaixo algumas passagens para alinhar potencial e expectativas de uma bem-sucedida escolha. Passamos por cinco passos, a serem analisados e customizados a cada realidade. São eles:

1- Descubra seu potencial

2- Experimente

3- Organize seu tempo

4- Encha seu tanque

5- Harmonize

Agora vamos passar por todos eles, explicando o caminho percorrido para a construção de uma carreira estudantil com maior qualidade para evolução profissional. O fundamental aqui é saber que esses itens não estão em ordem e, sim, pareados, pois ao longo do caminho eles se entrelaçam num completar sustentável.

O primeiro item já foi explicado, o importante é conscientizar cada aluno de estar atento a esse potencial mapeado e cada dia mais colocado para uso contínuo e repetido. O uso da ferramenta pode ser mais eficaz para mapear esse conhecimento, contudo, pode ser feito também através do levantamento espontâneo das suas habilidades e talentos naturais, com mapeamento da percepção das pessoas e parentes sobre sua atuação.

Experimente, o segundo item, como o próprio título diz, é muito importante que os estudantes se submetam ao máximo de experiência possível. Cada vivência proporciona uma chance de fortalecer suas potencialidades. É com a experiência que se materializa a teoria aprendida na sala de aula. O trabalho inicial pode ser um estágio numa área afim do campo de estudo, mas não necessariamente. Trabalhos voluntários, ações entre amigos, intercâmbios internacionais, ou seja, vale tudo. O que mais importa é não ficar parado. Nesse momento da faculdade, estimular a diversidade é muito importante. Essa gama de experiência será de grande utilidade para fortalecer sua escolha diante de suas potencialidades.

O tempo é sempre a pior e a melhor parte desse contexto. O pior é porque é um limitador e a maior desculpa de não agir, de justificar a inércia. Mas, aqui, é a melhor e a que faz grande diferença em sua escolha. O tempo não pode ser o mal de sua vida, você recebe todos os dias 24 horas para aproveitar. A maioria das pessoas trabalha oito horas, dorme em média oito horas, no entanto, são as oito horas restantes que farão diferença em sua carreira. Como você aproveita seu dia? Já se fez essa pergunta? Trabalhamos com cada estudante com essa distribuição de tempo, potencializando sua utilização em busca de experiências e/ou maior conhecimento teórico para a diferenciação profissional.

O quarto item refere-se a abastecer o tanque, que significa garantir que cada dia você possa ter um corpo e uma mente saudáveis para sustentar suas ambições profissionais. Quem não cuida do corpo e não enche o tanque todos os dias um pouco para antes da linha de chegada simplesmente não chega. Todos devem cuidar do físico, com alimentação, saúde, e da mente, com leitura suficiente para garantir a prontidão para os desafios do dia a dia.

O último passo, mas nem por isso menos importante, é buscar a harmonia de todos os anteriores, algo que sempre é importante: estar preparado, dosar todas as atividades da vida equilibrando os pontos anteriores. Harmonia é equilíbrio, estar pronto, ajustado para os desafios da vida, disposto a arriscar e construir novas passagens. Comemorar, valorizar cada passo conquistado, retroalimentar sua energia todos os dias com as vitórias. A harmonia também fala do essencial desse conceito que tem como base a Psicologia Positiva, como falamos no início deste capítulo. Cuidar da essência, focar no que é importante, usar seu tempo em experiências que possam valer a pena e que lhe tragam bons aprendizados.

Bom, este capítulo está longe de abranger toda sistemática de apoio e capacitação que um profissional *coach* de carreira precisa para poder apoiar um adolescente nessa escolha tão difícil e angustiante em sua maioria. Mas, com minha experiência, posso garantir que seguindo essas etapas de maneira plena e aberto a descobertas você colherá frutos em seu caminho.

REFERÊNCIAS BIBLIOGRÁFICAS

ALCHIERI, J. C.; CRUZ, R. M. Avaliação psicológica: conceitos, métodos e instrumentos. São Paulo: Casa do Psicólogo, 2003.

CATTELL, R. B. Description and measurement of personality Yonkers-on-Hudson, NY: World Book Company. Local de publicação: Editora, 1946. [S.l.]: [s.n.], 1946. Local de In: ALLPORT, G. W. ; ODBERT, H. Quelques repères « historiques », quelques « précurseurs » de la méthode fonctionnelle. (1936) Traits names: a psycholexical study. Psychological Monograph, 47, 1.

FLEURY, M. T. L; FLEURY, A. Construindo o conceito de competência. RAC, p. 183-196, 2001. Edição especial.

GENDRE, F. et al. Vers une métrique absolue dans les épreuves d'évaluation subjective: la méthode fonctionnelle. Pratiques Psychologiques, Lausanne, v. 13, n. 2, p. 255-265, 2007.

GENDRE, F.; CAPEL, R.; OSWALD, R. L.A.B.E.L.®: manual prático. São Paulo: Moityca, 2007.

McCLELLAND, D. C. Testing for competence rather than for "intelligence". American Psychologist, Washington, DC, n. 28, p. 1-14, 1973.

OSWALD, R. Avaliação de personalidade como preditor de performance: contribuição do Label na área da PO&T. In: Aspectos práticos na avaliação psicológica nas organizações. São Paulo: Vetor, 2009.

NORONHA, A. P. P. Os problemas mais graves e mais frequentes no uso dos testes psicológicos. Psicologia: Reflexão e Crítica, Porto Alegre, v. 15, n. 1, 2002. Disponível em: <http://www.scielo.br/scielo.php?script=sci_arttext&pid=S0102-79722002000100015&lng=en&nrm=iso>. Acesso em: 27 set. 2009.

RESENDE, E. O livro das competências: a melhor autoajuda para pessoas, organizações e sociedade. Rio de Janeiro: Qualitymark, 2000.

LOPES. VMG RELAÇÕES ENTRE PERFIS DE COMPETÊNCIAS E CARACTERÍSTICAS PESSOAIS DEMOGRÁFICAS, Espírito Santo, Vitória. Jan. 2009.

CONCLUSÃO

Independente do processo que você escolha – Coaching ou Mentoring – o fato é que você tem à sua disposição duas metodologias poderosas que podem despertar sua motivação, alavancar seu desempenho e mudar seu ponto de vista sobre a tarefa de educar.

Paulo Freire disse: "A Educação não muda o mundo. A Educação muda pessoas. Pessoas mudam o mundo". Assim, todo educador tem a chance de formar novos cidadãos, pessoas com visão crítica e conscientes de seu papel na sociedade em que vivem.

Desse modo, não abram mão deste presente. Ao contrário, busquem autoconhecimento e assumam este lugar de protagonismo. Sim, vai dar trabalho e vai demandar muito esforço e dedicação. Mas muito pior é continuarmos mergulhados na ignorância, esperando que os outros mudem para que, talvez, algo ao nosso redor mude também.

Andréia Roma
Fundadora e Diretora de Projetos da Editora Leader

EXERCÍCIO PRÁTICO
RESSIGNIFICANDO CRENÇAS LIMITANTES

Agora que você já conheceu no decorrer da leitura desta obra vários *coaches* e mentores educacionais, quero propor que você faça um exercício para identificar algumas de suas crenças limitantes em relação ao trabalho docente e, então, mudar seu ponto de vista em relação a tudo que já conheceu. Aceita o desafio?

Para tanto, peço que reserve ao menos 30 minutos, vá para um lugar tranquilo, sem interrupções, e realmente se entregue a essa reflexão. Se possível, anote suas respostas para manter um registro da sua mudança e fique à vontade para compartilhar seu *feedback* em nosso endereço de e-mail contato@editoraleader.com.br.

Vamos lá:

1) Quais crenças limitantes você tem em relação à Educação, ao trabalho docente e aos seus alunos?

2) Como estas crenças podem estar dificultando seu trabalho e impedindo que os objetivos de aprendizagem sejam atingidos?

3) Ao final de um dia de trabalho, como você se sente em relação ao seu desempenho como educador? Tais sentimentos e emoções te motivam a ser um profissional cada vez melhor? Por quê?

4) Dentre as várias crenças listadas no item (a), escolha uma para ser transformada. Escreva a crença.

5) Como você escolhe pensar daqui por diante, de modo a ter uma nova visão ou perspectiva sobre o mesmo assunto ou cenário?

6) Mentalize a nova crença por alguns instantes. Como você se sente agora? Sente-se mais motivado para exercer seu trabalho como educador?

Utilize as folhas a seguir para responder as questões.

Exercício prático

Exercício prático

Prezado leitor,

Você é a razão de esta obra existir, nada mais importante que sua opinião.

Conto com sua contribuição para melhorar ainda mais nossos livros.

Ao final da leitura acesse uma de nossas mídias sociais e deixe suas sugestões, críticas ou elogios.

WhatsApp: (11) 95967-9456
Facebook: Editora Leader
Instagram: editoraleader
Twitter: @EditoraLeader